河南省国土资源厅

河南省土地开发整理工程建设标准

U0805861

黄河水利出版社

·郑州·

图书在版编目(CIP)数据

河南省土地开发整理工程建设标准/河南省国土资源厅编.—郑州：黄河水利出版社，2010.12
ISBN 978-7-80734-897-9

Ⅰ.①河… Ⅱ.①河… Ⅲ.①土地资源-资源开发-标准-研究-河南省 ②土地整理-工程施工-标准-研究-河南省 Ⅳ.①F321.1-65

中国版本图书馆 CIP 数据核字(2010)第 179992 号

出 版 社：黄河水利出版社

地址：河南省郑州市顺河路黄委会综合楼 14 层　邮政编码：450003

发行单位：黄河水利出版社

发行部电话：0371-66026940、66020550、66028024、66022620(传真)

E-mail：hhslcbs@126.com

承印单位：河南省瑞光印务股份有限公司

开本：850 mm × 1 168 mm　1/32

印张：6.5

字数：160 千字　　印数：1—2 100

版次：2010 年 12 月第 1 版　　印次：2010 年 12 月第 1 次印刷

定价：38.00 元

河南省国土资源厅文件

豫国土资发〔2010〕105号

河南省国土资源厅
关于印发《河南省土地开发整理工程建设标准》和《河南省土地开发整理项目制图标准》的通知

各省辖市国土资源局：

2009年2月，我省颁发了《河南省土地开发整理工程建设标准（试行）》、《河南省土地开发整理项目制图标准（试行）》，经过一年多的试行，各有关方面又根据国家、省有关新要求和当地实际，提出了一些修改意见。现将修改后的《河南省土地开发整理工程建设标准》、《河南省土地开发整理项目制图标准》印发给你们，请认真遵照执行。

二〇一〇年十二月二日

主题词：国土资源　土地　项目　标准　通知

河南省国土资源厅办公室　　　　　　　2010 年 12 月 2 日印发

《河南省土地开发整理工程建设标准》
编辑委员会

编制单位及人员

主 持 单 位：河南省国土资源厅

主 编 单 位：河南省土地整理中心

参 编 单 位：河南省科学院地理研究所
华北水利水电学院
郑州大学
河南大学

主要起草人：陈新中　杨新民　樊　雷　王国强
牛文臣　马跃先　陈常优　王令超
刘增进　周荣敏　杨宝中　王占桥
汪顺生　王　喜　李平先

前　言

为了规范河南省土地开发整理工作，统一土地开发整理工程等级标准，确保项目工程质量和资金合理使用，推进土地开发整理工作科学化和规范化，根据国土资源部《关于编制<土地开发整理工程建设标准>有关问题的通知》(国土资厅发[2007]137 号)的要求，参照国家、行业、地方有关现行标准和技术规范，制定《河南省土地开发整理工程建设标准》。

本标准分为总则，建设目标，建设条件，类型区和工程布局、土地平整工程，灌溉与排水工程，田间道路工程，农田防护与生态环境保持工程等共 8 章 31 节，内容覆盖了河南省土地开发整理涉及的土地平整工程、灌溉与排水工程、田间道路工程及农田防护与生态环境保持工程等方面。

本标准由河南省国土资源厅负责管理和解释。

目 次

1 总 则

1.1 目的

为了规范河南省土地开发整理工作，深入贯彻科学发展观的重要原则和国家的技术经济政策，做到项目工程安全适用、技术先进、经济合理、确保质量，参照国家、行业、地方有关现行标准和技术规范，结合河南省实际，特制定本标准。

1.2 适用范围

本标准适用于河南省范围内以增加耕地面积、提高耕地质量、改善农业生产条件与生态环境、提高粮食综合生产能力为主要目的的土地开发整理项目，包括土地开发、土地整理、土地复垦项目和土地综合整治项目等。

本标准是以上项目编制可行性研究报告、规划设计、概预算以及竣工验收的依据。

1.3 基本原则

(1)合法性原则。必须符合国家的法规和政策，并与现行的相关技术标准相衔接。

(2)综合性原则。“田、水、路、林、村”综合整理，体现工程建设的整体性和综合性。

(3)适宜性原则。根据当地自然条件和社会经济条件，合理确定工程建设内容、规模及标准。

(4)效益性原则。有利于资源的节约、高效利用，有利于当地生产、生活条件、生态和环境的改善，实现经济、社会、生态与环境效益的协调增长。

(5)实用性原则。新技术与实际情况相结合，便于实施，体现实用。

(6)安全性原则。工程的建设要求必须符合国家有关的安全建设要求，没有安全要求的从严控制。

1.4 引用标准

下列文件中的条款通过本标准引用而成为本标准的条款。注明日期的引用文件，其随后所有的修订版均不适用于本标准，未注明日期的引用文件，其最新版本适用于本标准。

《喷灌工程技术规范》(GB J85—85)；

《防洪标准》(GB 50201)；

《国家造林技术规程》(GB/T 15776—1995)；

《供配电系统设计规范》(GB 50052—95)；

《土壤环境质量标准》(GB 15618)；

《水土保持综合治理技术规范 坡耕地治理技术》(GB/T 16453.1—2008)；

《水土保持综合治理技术规范 荒地治理技术》(GB/T 16453.2—2008)；

《水土保持综合治理技术规范 沟壑治理技术》(GB/T 16453.3—2008)；

《水土保持综合治理技术规范 小型蓄排引水工程》(GB/T 16453.4—2008)；

《水土保持综合治理技术规范 风沙治理技术》(GB/T 16453.5—2008)；

《污水综合排放标准》(GB 8978);

《泵站设计规范》(GB/T 50265—97);

《堤防工程设计规范》(GB 50286—98);

《灌溉与排水工程设计规范》(GB 50288—99);

《农田灌溉水质标准》(GB 5084);

《农田低压管道输水灌溉工程技术规范》(GB/T 20203—2006);

《节水灌溉工程技术规范》(GB/T 50363—2006);

《土地利用现状分类》(GB/T 21010—2007);

《微灌工程技术规范》(SL 103—1995);

《农田排水工程技术规范》(SL/T 4—1999);

《灌溉与排水工程技术管理规程》(SL/T 246—1999);

《机井技术规范》(SL 256—2000);

《水闸设计规范》(SL 265—2001);

《渠道防渗工程技术规范》(SL 18—2004);

《公路桥涵设计通用规范》(JTG D60—2004);

《全国中低产田类型划分与改良技术规范》(NY/T 310—1996);

《全国耕地类型区、耕地地力等级划分》(NY/T 309—1996);

《河南省地方标准用水定额》(DB41/T 385—2009)。

1.5 主要术语

下列主要术语适用于本标准。

1.5.1 土地开发整理

土地开发整理是指社会经济发展到一定阶段,在一定区域内,按照土地利用总体规划、城乡规划、土地开发整理规划、土地综合整治规划等确定的目标、用途和可持续利用原则，采取行政、经济、法律、工程技术、生物措施等手段，对土地利用状况进行调整、改造，对田、水、路、林、村等进行综合整治，以增加耕地面积，提高耕地质量、土地利用率和产出率，改善生产生活条件和生态环境的过程。根据土地开发整理内容不同分为：土地整理、土地复垦、土地开发。

1.5.2 土地整理

土地整理是指在一定的范围内，按照土地利用总体规划和专项规划确定的目标和用途，通过行政、经济、法律、工程技术等手段，对土地利用状况进行调整、改造、综合治理，提高土地利用率，改善当地群众生产、生活条件和生态环境的活动。

1.5.3 土地复垦

对因生产、建设活动挖损、坍塌、压占、污染或自然灾害毁损等原因造成目前不能利用的土地，采取整治措施，使其恢复到可利用状态或达到标准农田的活动。

1.5.4 土地开发

在保护和改善生态环境、防治水土流失和土地荒漠化的前提下，采取工程措施或其他措施，把荒山、荒地、荒水和荒滩等改造为可利用土地的活动。

1.5.5 土地开发整理项目

土地开发整理项目是指在一定区域和期限内，按照土地开发整理规划确定的目标和项目规划设计与经费预算，采取工程和非工程措施，对项目区田、水、路、林、村进行综合整治的建设项目。

1.5.6 土地开发整理工程类型区

土地开发整理工程类型区是按照土地开发整理建设目标、工程内容、工程组合地域特征相似性原则划定的，体现土地开发整理地域差异和工程组合特征的单元，简称类型区。

1.5.7 土地开发整理工程模式

为实现土地开发整理目标而确立的各项工程的组合方案，简称模式。

1.5.8 土地开发整理工程体系

土地平整、灌溉与排水、田间道路、农田防护与生态环境保持等土地开发整理工程措施类型与工程等级系列的集合。

1.5.9 土地开发整理工程等级

土地开发整理工程等别和引水建筑物、泵站、灌排渠沟及渠系建筑物工程级别的统称。

1.5.10 耕作田块

耕作田块是进行农业生产和农田建设的基本单位，由田间末级工程设施(如渠道、林带、道路等)所围成的地块。

1.5.11 表土保护

为使平整后的土地保持一定的肥力，而在田面平整时对原有可利用表土进行剥离收集，平整后再将所剥离的表土还原铺平的一种措施。

1.5.12 客土回填

应用客土将需要填方或者有污染区域进行填平或者覆盖的一

种工程措施。

1.5.13 农用地等

在全国范围内，按照标准耕作制度，在自然质量条件、平均土地利用条件、平均土地经济条件下，根据规定的方法和程序进行的农用地质量综合评定、划分出的农用地等别。

1.5.14 耕地质量目标等别

土地开发整理工程竣工后，耕地在近、远期内应达到的土地利用质量等别。

1.5.15 耕地质量

特定类型土壤在自然或农业生态系统边界内保持动植物生产力,保持或改善大气和水的质量以及支持人类健康和居住的能力。

1.5.16 引黄淤灌

黄河沿岸地区，将含沙量大的黄河水引出黄河堤坝，灌入黄河两岸外的低洼地区进行沉淀，淤积下来的泥沙使低洼地区地势增高、改良土壤质地的一种措施。

1.5.17 地坑院

在黄土台塬区人工开挖的地坑，四周修筑窑洞，中间通风采光，并一面留有进出通道的构筑物，也称天井院。

1.5.18 地埋线

埋设在地下的输电线路或馈电线路。

1.5.19 田间主道

项目区内连接村庄与田块，供农业机械、农用物资和农产品运输通行的道路。

1.5.20 田间次道

项目区内连接生产路与田间主道,起到衔接贯通作用的道路。

1.5.21 生产路

项目区内连接田块与田块、田块与田间道，为人工田间作业和收获农产品服务的道路。

1.5.22 素土路面(原土路面)

以素土(原土)为骨料，经初步碾压后，依靠土壤的黏结作用形成的路面。

2 建设目标

2.1 总体目标

依据河南省土地利用总体规划和土地开发整理规划，以优化土地利用结构、提高土地利用效率、建设高标准基本农田为目标，通过适度规模土地开发整理，提高农业基础设施配套水平，增加有效耕地面积，提高耕地质量和农业综合生产能力，改善农业生产条件、生态和环境，促进土地资源的合理利用和新农村建设。

2.2 具体目标

2.2.1 增加耕地面积

通过土地开发整理，把项目区现有的荒地、水毁地、闲散地、废弃地等改造为耕地，以及通过田块整理及节约渠、沟、路、田坎等占用面积，增加有效耕地面积，从而实现耕地总量动态平衡。

2.2.2 提高耕地质量

2.2.2.1 耕地整理质量提高目标应按表 2.2.2.1 确定。

表 2.2.2.1 耕地整理质量目标等别

整理前等别	整理后目标等别
3	5
4	6
5	7
6	8~9
7	9~10
8	10
9	11
10	11~12
11	12~13
12	13
13	14

注：表中的等别是指农用地分等的土地利用等别。

2.2.2.2 土地开发耕地质量目标应按表 2.2.2.2 确定。

表 2.2.2.2 土地开发质量目标等别

农用地分等指标区	目标等别	其中		
		沙地	草地	盐碱地
太行山山地丘陵区	5		6	
豫西黄土丘陵区	6		7	
豫西山区	5		6	
南阳盆地区	7	9	8	
豫北山前平原区	9	10	9	
豫东北低洼平原区	9	10	9	9
豫东平原区	8	9	9	8
淮北平原区	8	8	8	8
淮南山地丘陵区	7		8	

注：表中的等别是指农用地分等的土地利用等别;农用地分等指标区是指农用地分等时依据主导因素原则和区域分异原则而划分的最小因素组合区域单元。

2.2.2.3 土地复垦耕地质量目标应按表 2.2.2.3 确定。

表 2.2.2.3 土地复垦质量目标等别

农用地分等指标区	目标等别	其中	
		工矿废弃地	煤矿塌陷地
太行山山地丘陵区	6	7	6
豫西黄土丘陵区	7	8	7
豫西山区	6	7	
南阳盆地区	8	9	
豫北山前平原区	9	10	9
豫东北低洼平原区	9	10	
豫东平原区	9	10	9
淮北平原区	9	10	9
淮南山地丘陵区	8	9	

注：表中的等别是指农用地分等的土地利用等别;农用地分等指标区是指农用地分等时依据主导因素原则和区域分异原则而划分的最小因素组合区域单元。

2.2.3 配套水利工程。通过灌排系统建设，基本解决项目区内灌溉、排水、降渍、防洪问题，提高农田抗灾减灾能力。

2.2.4 完善田间道路。形成满足农产品运输和田间作业需要的布局合理的道路系统。

2.2.5 改善生态环境。治理水土流失，减轻洪涝、干旱、风害等自然灾害，改善生态环境。

2.2.6 其他目标。居民点按新农村建设要求，适当集中，布局合理。土地权属明确，保障产权主体的合法效益，维护社会稳定。

3 建设条件

3.1 合法性

3.1.1 必须符合国家法律、法规，土地、农业、水利、林业、电力、交通、建设、旅游、环保等部门的有关规定。

3.1.2 必须符合土地利用总体规划和土地开发整理规划的要求，并与农业、水利、林业、电力、交通、建设、旅游、环保等部门规划相协调。

3.1.3 严禁在划定的禁止区域内选择土地开发整理项目。主要的禁止性区域有自然保护区、森林公园、地质公园(核心区域)、行洪蓄洪区、风景名胜区、湿地保护区、自然及文化遗产保护区等。

3.2 基础设施

3.2.1 项目区应有一定的灌溉条件，周围应有一定的排水、防洪基础设施。

3.2.2 项目区应有较好的主干道路，对外交通有一定的基础。

3.2.3 项目区所在地应有可靠的输、变电等电力设施。

3.3 水土资源

3.3.1 项目区的地形地貌和土壤、水文、气候资源条件应满足工程建设的需要。

3.3.2 水土资源基本平衡，可供利用的水资源符合农田灌溉等的需水量和水质要求。

3.3.3 项目区中的零星水塘应在不影响项目实施的前提下尽量予以保留。

3.4　其他条件

3.4.1 项目区当地政府重视，群众参与、配合工程建设的积极性高。

3.4.2 项目区应有明确的土地权属关系，具备进行土地权属调整的组织和群众基础。

3.4.3 项目区应具有土地开发整理潜力，且土地集中连片。不同类型区土地开发整理项目的内容，应满足相关要求。

3.4.4 项目区工程建设应增强防御自然灾害的能力，防止诱发新的灾害，避免在易受泥石流、滑坡、崩崖危害的范围内布局项目。

3.4.5 项目应尽量避开土地开发整理项目选择的限制区域，若实在需要，必须采取必要的生物和工程措施，确保不对限制性因素因子造成大的破坏。限制性因素包括水源涵养与保护地、水土保持、沙化敏感区、地下水超采区、生态脆弱区域等。

3.4.6 针对单个项目的申报，应根据项目的实际情况及其所在的区域，选择合适的方法和评价指标体系，对各因素因子进行量化并进行综合评价。

3.4.7 项目应该首先考虑优先级别较高的区域，根据影响土地开发整理项目的因素因子进行评价。在项目都符合条件的基础上，应根据优中选优、急需先行的原则进行筛选。

4　类型区和工程布局

4.1　类型区

4.1.1　一级类型区

按照自然条件相似性原则，依据气候干湿度和大地貌形态的相似性，以及农业发展方向的大体相似性，将全省划分3个一级工程类型区：黄淮海平原类型区、豫西山地丘陵类型区、豫南山地丘陵类型区。

4.1.2　二级类型区(模式)

依据工程特点，在一级类型区划分的基础上，进一步划分为8个二级类型区(模式)，即山前倾斜平原井渠灌溉类型区(模式)、缓平原灌排类型区(模式)、低洼平原排灌类型区(模式)、豫西山地丘陵灌溉类型区(模式)、豫西河谷盆地灌溉类型区(模式)、坡改梯水保旱作类型区(模式)、江淮丘岗冲垄稻田类型区(模式)、江淮河谷平原灌溉类型区(模式)。各种模式的工程组合特征见附表A。

4.2　工程布局

4.2.1　总体布局

4.2.1.1　原则

(1) 经济发展需要和社会需求相结合，有利于建设目标实现的原则；

(2) 工程技术可行、经济合理、突出重点的原则；

(3) 改善生态与环境，提高土地生产力、体现可持续发展的原则；

(4) 体现综合整治的原则。

4.2.1.2 要求

(1)根据项目区的地形、土地适宜性评价结果、社会经济综合发展情况及农业现代化的要求，合理安排耕作田块修筑工程。

(2)根据项目区内外水资源状况及已有的水利设施，合理确定水利设施建设项目、等级及其数量和位置。

(3)根据项目区内外围已有交通设施状况和区内地形、沟渠布局情况，合理布局区内田间道路的类型和位置。

(4)根据项目区地形、气候条件，确定生态防护林的布局、规模、结构、树种和数量。

4.2.2 分区布局

依据工程类型区的特点和工程模式综合特征，按照增加有效耕地面积、提高耕地质量、实现土地的可持续利用的要求，合理安排土地平整、灌溉与排水、田间道路、农田防护与生态环境保护工程。主要工程布局见附表 B。

5 土地平整工程

5.1 一般规定

5.1.1 土地平整工程包括以平田整地为重点的耕作田块平整工程、梯田修筑工程和以保持或提高地力为目标的耕作层地力保持工程。

5.1.2 土地平整工程应围绕农田规整和废弃沟渠、废弃砖瓦窑和居民点、灾毁地、煤矿塌陷地、零星宜农未利用地的平整复垦进行。

5.1.3 土地平整和耕作田块建设要因地制宜，根据土地开发整理区地形地貌和土地利用类型情况确定土地平整工程类型，平原区应修建条田，山地丘陵区宜修建梯田；水稻种植区修建格田。

5.1.4 土地平整应尽量以耕作田块或地块为基本单元，填挖宜在同一平整单元内进行。土地平整工程应达到保水、保土、保肥，并与灌溉与排水、田间道路、农田防护与生态、环境保护工程建设相结合，使田块规整、便于耕作，形成高标准的条田、梯田、格田等。

5.1.5 耕作田块规划应尽量保持乡(镇)、村、村民小组农田原有土地所有权的完整性，并有利于权属的调整。

5.1.6 土地平整后末级固定沟渠之间的田块高程要依沟渠的走势从高到低变化，相邻田块之间的高差应尽可能小。

5.1.7 平整后的田面坡度应满足灌排水要求，同一耕作田块内土壤质量、土地坡向和坡度宜保持一致。

5.2 耕作田块修筑工程

5.2.1 条田

5.2.1.1 条田

(1)田块方向：耕作田块长边方向宜选用南北向。在水蚀区，耕作田块宜平行等高线设置；在风蚀区，应与当地主害风向垂直或与主害风向垂直线的交角小于30°～45°方向布置。

(2)田块形状：耕作田块的形状应布置成矩形；当受地形条件限制时，可布置成其他规则的四边形。

(3)田块长、宽：耕作田块长、宽度应综合考虑田块面积、种植制度、机械作业要求、灌排水要求，同时考虑地形、地貌等因素限制布设；条田规模宜为 6～15 hm^2。各工程类型区的耕作田块长、宽度见表5.2.1.1。

表 5.2.1.1 耕作田块长度、宽度 （单位:m）

二级类型区(模式)	耕作田块长度	耕作田块宽度
山前倾斜平原井渠灌溉类型区(模式)	150～200	20～40
坡改梯水保旱作类型区(模式)	150～200	20～40
豫西山地丘陵灌溉类型区(模式)	150～200	20～40
豫西河谷盆地灌溉类型区(模式)	200～400	100～300
缓平原灌排类型区(模式)	300～600	200～300
低洼平原排灌类型区(模式)	200～500	100～300
江淮河谷平原灌溉类型区(模式)	200～500	100～300
江淮丘岗冲垄稻田类型区(模式)	60～120	20～40

(4)田面高程：耕作田块田面高程应在常年涝水位20 cm以上；

地下水位较高的农田，田面高程应在常年地下水位 80 cm 以上，相邻田块高差不宜超过 50 cm。

(5)田面坡度：耕作田块田面纵坡方向一般与自然坡降一致，坡度大小与灌水方向和土质情况有关。土地平整后，田面比降应满足灌排要求。畦灌田面的坡度应根据土壤通透性和畦长不同而定，一般以 1/200 ~ 1/500 为宜，旱地田面坡度应限在 1/500 以内。

(6)田面平整度：土地平整后耕作田块平整程度应使田面高差在±5 cm 以内。

5.2.1.2　格田

(1)格田要求：以种植水稻为主的水田宜采用格田形式，格田修筑必须保证排灌畅通、调控方便，并满足水稻作物各生长发育阶段对水份的需求。

(2)格田长宽：格田田块一般宽 20 ~ 30 m，长 80 ~ 150 m；山地丘陵区应因地制宜布局，宽度一般 7 ~ 15 m，长 25 ~ 50 m；格田规模一般在 0.2 ~ 0.7 hm^2。

(3)格田田埂：格田田埂高度宜为 30 ~ 40 cm，埂顶宽宜为 20 ~ 30 cm；田埂应稳固、防渗，用土修筑时土料宜就近从田间采取。

(4)格田平整度：格田内田面高差应在±3 cm 之内。

(5)其他参数：格田建设其他适宜技术参数见表 5.2.1.2。

表 5.2.1.2　格田建设适宜技术参数

项　　目	地貌类型	
	平原地区	山地丘陵区
田地连片(hm^2)	≥60	≥30
小格田面积(m^2)	≥2 500	≥2 000
地下水位(cm)	≥60	≥80
耕作层厚度(cm)	≥30	
耕作层质地	沙黏适中	

5.2.2 梯田

5.2.2.1 梯田布置与选型。

(1)在耕作区内布置梯田，梯田长边应平行于等高线，梯田形状宜呈长条状或带状。

(2)梯田布局应以沟渠、道路为骨架划分耕作区，耕作区形状宜为矩形或扇形。

(3)梯田田块的长边应顺山坡地形，大弯就势，小弯取直。

5.2.2.2 梯田布置和选型应满足以下要求。

(1)梯田应布置在地面坡度小于25°的坡耕地上。

(2)地面坡度在15°~25°的坡耕区，应选择土质较好、地面坡度相对较缓、位置较低、距村庄较近的地方，布置修筑陡坡梯田或隔坡梯田。

(3)地面坡度小于15°的耕作区，河谷阶地上坡度3°以下(少数可达 5°~8°)的耕作区，应以道路为骨架布置宽面(20~30m)、低坎(1m 左右)的缓坡土坎梯田。有条件的应考虑小型机械耕作和提水灌溉。

(4)坡耕地中夹杂大量石块、砾石的区域，应结合石块、砾石的清理，就地取材修筑石坎梯田。

(5)在坡耕地土层较厚的地区，尽量修成水平土坎梯田。

(6)在坡耕地土层较薄的地方，可先修筑坡式梯田，经逐年向下方翻土耕作，减缓田面坡度，最终变成水平梯田。

(7)在降雨量较小、耕地坡度在15°~20°的地方，可修筑隔坡梯田，平台部分种庄稼，斜坡部分种牧草。

5.2.2.3 梯田长、宽：梯田田面长度以 150~200 m 为宜，一般不小于 100 m。梯田田面宽度应考虑提水灌溉和小型机械耕作的要求。梯田田面宽度应与地形坡度、土质和土层厚度等条件相适应，适宜尺寸见表 5.2.2.3。梯田面积宜控制在 0.3~0.8 hm^2。

表 5.2.2.3 不同地形坡度水平梯田断面适宜参数

地形坡度(°)	田面净宽(m)	田坎高度(m)	田坎坡度(°)
1 ~ 5	10 ~ 15	0.5 ~ 1.2	85 ~ 80
5 ~ 10	8 ~ 10	0.7 ~ 1.8	80 ~ 75
10 ~ 15	7 ~ 8	1.2 ~ 2.2	75 ~ 70
15 ~ 20	6 ~ 7	1.6 ~ 2.6	70 ~ 65
20 ~ 25	5 ~ 6	1.8 ~ 2.8	65 ~ 60

注：本表中的田面宽度与田坎坡度适用于土层较厚地区和土质田坎。土层较薄地区田面宽度应根据土层厚度适当减小；对石质田坎的坡度，应结合石坎梯田的施工要求确定。

5.2.2.4 梯田平整度。

旱作区区田面高差应在±5 cm 之内，水稻种植区田面高差应在±3 cm 之内。

5.2.2.5 梯田埂坎。

(1)在土质黏性较好的区域,埂坎一般采用土质,在土质黏性差的地区应采用石质或土石混合。土质埂坎顶宽以 40 ~ 50 cm 为宜,石质埂坎顶宽以 30 ~ 40 cm 为宜。

(2)梯田田坎高度和田坎侧坡应与地形坡度、降雨量、降雨强度和土质条件相适应，田坎高度还应与田面宽度相对应，田坎坡度应满足稳定要求。具体见表 5.2.2.3。

5.2.2.6 其他要求。

相邻梯田田块的高差宜小于 2.5 m。平整后的梯田田面 30 ~ 50 cm 深以内没有石块、石砾，耕作层厚度应在 30 cm 以上。梯田区以上坡面和梯田区内根据需要可布置坡面小型蓄排工程。

5.3 耕作层地力保持工程

5.3.1 表土保护

土地平整时应保留一定厚度的表土，以保持土壤的肥力。旱作地区宜在挖方处剥离表土 30 cm，填方超过 50 cm 时，必须将熟土上翻，回填熟土层厚不低于 30 cm 为宜。水稻区，如在田里种有绿肥，则应将绿肥连同熟土切块搬迁它处，田面平整后，再将绿肥块还原铺平。

5.3.2 客土回填

5.3.2.1 土地平整区耕作层土壤厚度达不到作物生长所需土层厚度时，应进行客土回填。

5.3.2.2 确定土地平整方案时，尽可能使项目区土方挖填平衡。需要进行客土回填时，应考虑下列要求：

(1)客土土源要尽量接近项目区，一般不超过 3 km。

(2)耕作层的客土宜选用质地较好、未污染的土壤，且不应含有石块、石砾、瓦片等。

(3)保障取土区的安全，土源地避开铁路、公路路基，大江大河及水库堰塘的堤岸。

(4)取土应与当地的塘堰清淤、河流清障、道路修建、鱼池开挖等相结合。

(5)填土应留有不低于 20%的虚高。

(6)客土回填后的耕地土层厚度应不低于 40 cm，耕作层厚度应在 30 cm 以上，耕作层地力应满足适种农作物的基本要求。

5.3.2.3 位于黄河两岸引黄灌区内或附近的项目区，可将黄河水有控制地引入农田或者需要填高的低洼区，已达到改良土壤质地或增厚土层的目的。

6 灌溉与排水工程

6.1 一般规定

6.1.1 灌溉工程主要包括水源工程、输配水工程、田间灌溉工程和渠系建筑物工程；排水工程主要包括田间排水工程、排水沟系工程、承泄区和沟系建筑物工程。

6.1.2 工程等级可按下列条件划分。

6.1.2.1 工程项目等别，根据开发整理项目区面积，按表 6.1.2.1 确定。

表 6.1.2.1 土地开发整理工程等别 (单位：hm^2)

工程等别	I	II	III	IV
建设规模	＞2 000	2 000 ~ 1 300	1 300 ~ 600	＜600

注：表中建设规模是指土地开发整理工程的单片(控制面积)建设规模。对包含多个项目片的土地开发整理项目，当按单片建设规模分属几个不同工程等别时，其工程等别按其中最高等别确定。

6.1.2.2 工程项目中的水工建筑物允许最高级别，应根据所属工程的等别与建筑物的重要性，按表 6.1.2.2 确定。

表 6.1.2.2 水工建筑物级别

工程等别	主要建筑物	次要建筑物
Ⅰ	T1	T2
Ⅱ	T2	T3
Ⅲ	T3	T4
Ⅳ	T4	T4

6.1.2.3 蓄水工程的级别应根据容积的大小划分，按表 6.1.2.3 确定。

表 6.1.2.3　蓄水工程级别及使用年限

工程级别	T1	T2	T3	T4
库容(10^4m^3)	10～1	1～0.1	0.1～0.01	＜0.01
规模	塘堰		蓄水池	水窖
使用年限	30～20		20～10	

6.1.2.4 引水建筑物的级别，应符合表 6.1.2.4 分级指标。

表 6.1.2.4　引水建筑物工程级别及使用年限

工程级别	T1	T2	T3	T4
引水流量(m^3/s)	＞2.5	2.5～1.5	1.5～1.0	＜1.0
使用年限	30～20		20～10	

6.1.2.5 泵站工程的级别应符合表 6.1.2.5 分级指标。

表 6.1.2.5　泵站工程级别及使用年限

工程级别	T1	T2	T3	T4
灌溉泵站流量(m^3/s)	＞2.5	2.5～1.5	1.5～1.0	＜1.0
排水泵站流量(m^3/s)	＞22	22～15	15～7	＜7
使用年限	50～30		30～20	

6.1.2.6 灌排渠沟及渠系建筑物的级别应符合表 6.1.2.6 分级指标。

表 6.1.2.6　灌排渠沟及渠系建筑物工程级别及使用年限

工程级别	T1	T2	T3	T4
灌溉流量(m^3/s)	＞2.5	2.5～1.5	1.5～1.0	＜1.0
排水流量(m^3/s)	＞22	22～15	15～7	＜7
使用年限	30～20		20～10	

6.1.2.7 在防洪堤上修建的引水、提水工程及其他灌排建筑物，其级别不得低于防洪堤的级别。

6.1.2.8 蓄水、引水和提水工程中位置特别重要，假如失事后将造成重大灾害或采用新型结构、实践经验较少的 T2 ~ T4 级主要建筑物；高填方灌排渠沟、大跨度或高排架渡槽、高水头或大落差水闸、倒虹吸、涵洞等 T2 ~ T4 级的灌排建筑物，其级别经论证后均可提高一级。

6.1.3 灌溉标准。

6.1.3.1 灌溉设计保证率根据气候、水土资源、作物组成、灌区规模、灌水方法及经济效益等因素确定，不同工程模式灌溉设计保证率应按照表 6.1.3.1 确定。

表 6.1.3.1　分类型区灌溉设计保证率

二级类型区(模式)	保证率(%)
山前倾斜平原井渠灌溉类型区(模式)	50 ~ 60
缓平原灌排类型区(模式)	50 ~ 80
低洼平原排灌类型区(模式)	70 ~ 80
坡改梯水保旱作类型区(模式)	50 ~ 70
豫西山地丘陵灌溉类型区(模式)	50 ~ 70
豫西河谷盆地灌溉类型区(模式)	70 ~ 80
江淮河谷平原灌溉类型区(模式)	70 ~ 80
江淮丘岗冲垄稻田类型区(模式)	70 ~ 90

注：(1)喷微灌工程(各类地区、各种作物)灌溉设计保证率 85% ~ 95%。
(2)在原有引、提水灌区内的项目区，灌溉设计保证率宜取上限值，并不得低于原灌区的灌溉设计保证率。

6.1.3.2 灌溉工程应满足灌溉设计保证率的要求。小型水稻灌区的灌溉工程也可以抗旱天数为依据，单季稻灌区宜选 30 ~ 50 d。

6.1.3.3 作物灌溉制度应根据当地水文地质条件、土壤类型、年降雨量、作物种类、作物用水量等因素确定。缺水地区拟定作物灌溉制度时宜考虑进行非充分灌溉；低平原易发生土壤次生盐碱化的地区，作物灌溉制度拟定应考虑排碱、洗盐定额。对缺乏资料的地区，也可参照附表C确定。

6.1.4 排水标准。

6.1.4.1 排涝标准，是以涝区发生一定重现期的暴雨(一定降雨历时的暴雨量)在一定时间内排除不受涝为标准。

6.1.4.2 排涝标准的设计暴雨重现期应根据排水区的自然条件、涝灾的严重程度及影响大小等因素，经技术经济论证确定，一般可采用5~10 a。有特殊要求的地区可适当提高标准。

6.1.4.3 设计暴雨历时和排除时间应根据排涝面积、地面坡度、植被条件、暴雨特性和暴雨量、河网和湖泊的调蓄情况，以及农作物耐淹水深和耐淹历时等条件确定。旱作区一般可采用1~3 d暴雨从作物受淹起1~3 d排至田面无积水；水稻区一般可采用1~3 d暴雨3~5 d排至耐淹水深。具有调蓄容积的排水系统可根据调蓄容积的大小，采用较长历时的设计暴雨或一定间歇期的前后两次暴雨作为设计标准；排空调蓄容积的时间可根据当地暴雨特性统计分析两次暴雨的间歇天数确定，一般可采用7~15 d。

6.1.4.4 农作物的耐淹水深和耐淹历时应根据当地或邻近地区有关试验或调查资料分析确定。无试验或调查资料时，可按表6.1.4.4选取。

6.1.4.5 设计排渍深度、耐渍深度、耐渍时间和水稻田适宜日渗漏量，应根据当地邻近地区农作物试验或种植经验调查资料分析确定。无试验资料或调查资料时，旱田设计排渍深度可取0.8~1.3 m，水稻田设计排渍深度可取0.4~0.6 m；旱作物耐渍深度可取0.3~0.6 m，耐渍时间3~4 d。水稻田适宜日渗漏量可取2~8 mm/d(黏性土取较小值，沙性土取较大值)。

表 6.1.4.4 几种主要农作物的耐淹水深和耐淹历时

农作物	生育阶段	耐淹水深(cm)	耐淹历时(d)
小麦	拔节~成熟	5~10	1~2
棉花	开花、结铃	5~10	1~2
玉米	抽穗	8~12	1~1.5
	灌浆	8~12	1.5~2
	成熟	10~15	2~3
甘薯	—	7~10	2~3
大豆	开花	7~10	2~3
水稻	返青	3~5	1~2
	分蘖	6~10	2~3
	拔节	15~25	4~6
	孕穗	20~25	4~6
	成熟	30~35	4~6

6.1.4.6 有渍害的旱作区，农作物生长期地下水位应以设计排渍深度作为控制标准，但在设计暴雨形成的地面水排除后，应在旱作物耐渍时间内将地下水位降至耐渍深度。水稻区应能在晒田期内 3~5 d 将地下水位降至设计排渍深度。土壤渗漏量过小的水稻田，应采取地下水排水措施使其淹水期的渗漏量达到适宜标准。

6.1.4.7 适于使用农业机械作业的设计排渍深度，应根据各地区农业机械耕作的具体要求确定，一般可采用 0.6~0.8 m。

6.1.4.8 改良盐碱土或防治土壤次生盐碱化的地区，其排水标准除应执行本条上述各条规定外，还应在返盐季节前将地下水控制在临界深度以下，地下水临界深度应根据各地区试验或调查资料确定。无试验或调查资料时，可按表 6.1.4.8 所列数值选用。

表 6.1.4.8 地下水临界深度 (单位：m)

土质	地下水矿化度(g/L)			
	＜2	2 ~ 5	5 ~ 10	＞10
沙壤土、轻壤土	1.8 ~ 2.1	2.1 ~ 2.3	2.3 ~ 2.5	2.6 ~ 2.8
中壤土	1.5 ~ 1.7	1.7 ~ 1.9	1.8 ~ 2.0	2.0 ~ 2.2
重壤土、黏土	1.0 ~ 1.2	1.1 ~ 1.3	1.2 ~ 1.4	1.3 ~ 1.5

6.1.5 灌溉水质应满足的要求。

6.1.5.1 以地面水、地下水或处理后的城市污水与工业废水作为灌溉水源时，其水质均应符合现行国家《农田灌溉水质标准》GB 5084 的规定。

6.1.5.2 在作物生育期内灌溉时的灌溉水温与农田地温之差宜小于10℃。水稻田灌溉水温宜为 15 ~ 35℃。

6.1.5.3 灌区内外农田、城镇及工矿企业排入灌排渠沟的地面水和污水水质必须符合现行国家标准《地面水环境质量标准》GB 3838 和《污水综合排放标准》GB 8978 的规定；回灌地下水的水质除应符合上述规定外，尚应符合现行国家标准《农田灌溉水质标准》GB 5084 的规定，见附表 D。

6.1.6 灌溉水利用系数。

6.1.6.1 渠系水利用系数，不应低于 0.9；采用管道输水不应低于 0.95。

6.1.6.2 田间水利用系数，水稻灌区不宜低于 0.95；旱作物灌区不宜低于 0.90。

6.1.6.3 灌溉水利用系数，引、提水灌区不应低于 0.75，井灌区、喷灌区不应低于 0.80，微喷灌区不应低于 0.85，滴灌区不应低于 0.90。

6.1.7 防洪标准应满足的要求。

6.1.7.1 蓄水工程设计防洪标准为 20 ~ 30 a(重现期)。

6.1.7.2 引水、提水工程设计防洪标准为 10 ~ 20 a(重现期)。

6.1.7.3 灌排建筑物、灌溉渠道设计防洪标准为 5 ~ 10 a(重现期)。

6.2 水源工程

6.2.1 概念

水源工程一般指塘堰、小型拦河坝(闸)、 蓄水池、水窖等蓄水工程，以及引提水工程和机井工程。

6.2.2 塘堰工程

塘堰是指修建在山地丘陵区小型河谷和沟渠上、拦蓄地面径流或沟渠多余弃水、蓄水量在 10^3 ~ 10^5 m^3 的蓄水建筑物。坝高一般不超过 10 m。

6.2.2.1 塘堰工程布局应符合以下原则：

(1)尽量利用荒地、废弃地、低洼地、低产地建塘堰。

(2)在冲的顶部，可沿冲节节建塘，层层拦蓄，高塘高蓄高灌，低塘低蓄低灌。

(3)沿排水沟、撇洪沟沟尾的沟侧修建塘堰。

6.2.2.2 塘址选择应符合以下条件。

(1)水源条件好。集水面积大，来水量丰富，无严重污染源、淤积源。

(2)地形条件好,位置高，塘容大，自流灌溉面积大；淹没占地少，有适宜修建溢洪道位置；工程简单，土方和配套建筑物少；费用省，用工少。

(3)工程地质及水文地质条件好，工程安全可靠。

(4)靠近灌区。“塘跟田走”，连接渠道短，输水损失小。

(5)施工、交通及管理方便。

(6)附近有合适的筑塘材料。

(7)归属权界定清楚。

6.2.2.3 塘堰的容积。

根据塘堰汇水面积、汇水区的多年平均降雨量，计算塘堰多年平均来水量；根据灌溉面积、灌区灌溉定额，并考虑塘堰损失水量，计算需水量。比较来水量和需水量的大小，取小值作为塘堰容积。

6.2.2.4 塘堰蓄水工程由挡水建筑物、泄水建筑物和放水建筑物组成。

6.2.2.5 挡水建筑物。

(1)挡水建筑物应根据蓄水工程分等指标要求，达到相应建设标准。

(2)根据筑坝材料不同，坝型宜采用土坝、堆石坝和砌石坝。

(3)土坝根据防渗结构形式不同分均质坝、心墙坝、斜墙坝。

黏土较缺乏地区的土坝防渗，也可采用钢筋混凝土心墙；堆石坝宜采用钢筋混凝土斜墙或心墙防渗。

(4)坝基应根据其渗透特点，结合坝身防渗体的形式，采取黏土截水槽、黏土铺盖、土工膜铺盖及混凝土截渗墙、灌浆等防渗措施。

(5)土坝、堆石坝在坝体的背水侧均应设置排水。应根据坝体的填筑材料、结构形式以及塘堰的蓄水位，合理采用贴坡排水、堆石棱体排水或褥垫排水。

(6)坝顶宽度应满足防汛、管理、施工、构造及其他要求，不宜小于 1.5 m。非溢流坝坝顶超高宜采用 1.5 ~ 2.0 m。

(7)坝体上下游边坡必须保证稳定不坍塌。边坡的设计随坝高、填筑材料及密实度而变化。均质土坝建设指标见表 6.2.2.5。

表 6.2.2.5 均质土坝建设指标

坝高(m)	坝顶宽度(m)	迎水坡	背水坡
<3	≥1.5	1:1.5	1:1.5
3 ~ 5	2.0 ~ 2.5	1:2.0 ~ 1: 2.5	1:1.5 ~ 1:2.0
6 ~ 10	2.5 ~ 3.0	1:2.5 ~ 1:3.0	1:2.0 ~ 1:2.5

(8)土坝临水侧宜采用块石或混凝土预制板护坡，背水侧宜采用草皮护坡。

(9)坝体与泄水建筑物、放水建筑物的连接处必须采取可靠措施防止沿接触面产生集中渗流和不均匀沉降。

6.2.2.6 泄水建筑物应符合以下要求。

(1)塘堰泄水建筑物应根据蓄水塘坝的特点采用不同的形式。可在坝体的一端设置溢流堰或溢流闸、涵；也可在坝体以外的岸边或天然垭口处建造开敞式岸边溢洪道。泄水建筑物出口应设置消力池。

(2)溢流堰宜采用浆砌块石或钢筋混凝土结构；溢流闸、涵宜采用钢筋混凝土结构；岸边溢洪道宜采用浆砌块石或钢筋混凝土结构。

(3)泄水建筑物应满足防洪标准 20 ~ 30 年一遇洪水标准的泄洪要求。

6.2.2.7 放水建筑物应符合以下要求。

(1)塘堰宜采用坝下涵洞(管)放水。放水涵洞(管)位于坝下，与坝轴线基本垂直；出口消力池与灌渠连接。

(2)放水涵洞宜采用钢筋混凝土或浆砌块石结构，断面形式宜采用圆形或拱形。

6.2.3 小型拦河坝(闸)工程

6.2.3.1 小型拦河坝(闸)是修建在小型河道上的坝和闸，拦取河道地表和地下径流作为灌溉水源。分无坝和有坝两种方式引水。无坝引水工程一般由进水闸、冲沙闸和导流堤三部分组成；有坝引水工程一般由拦河坝(闸)、进水闸、冲沙闸和防洪堤等组成。

6.2.3.2 小型拦河坝(闸)的规划原则。

(1)河道水量比较丰富，能满足本标准规定的灌溉用水要求。

(2)按照本标准建造的小型拦河坝(闸)引水工程，应不影响河道的行洪要求，保证河道安全。

(3)当河流流量、水位均能满足灌区农田自流灌溉要求时，应优先采取无坝引水；当河流水量较丰，但水位满足不了灌区农田自流引水灌溉要求时，宜采取有坝(闸)引水。

(4)坝址处地形、地质条件满足工程要求。

(5)有坝(闸)引水坝型的选择应坚持因地制宜、就地取材、经济适用的原则。

(6)分水比率宜控制在 40%以下。

6.2.3.3 有坝引水工程布置应满足的要求。

(1)工程应布置在河床稳定、水流集中的河段上。

(2)拦河坝轴线宜与水流方向垂直，在拦河坝取水侧设置冲沙闸。

(3)当采用拦河闸引水时，不再单设冲沙闸。

(4)坝址处引水高程适宜，灌溉供水量充足，管理运用灵活方便。

6.2.3.4 无坝引水工程布置应满足的要求。

(1)取水口门应尽量接近灌区。

(2)取水口门应尽量布置在河岸坚实、河槽稳定、断面匀称的顺直河段；如果在弯曲河段取水，口门应布置在主流靠岸、河道冲淤变化较小的弯道段凹岸顶冲点下游处。

(3)无坝引水的引水角宜取 30°～60°，引水口前沿水面宽度不宜小于进水口宽度的 2 倍。

(4)当取水河段水面过宽、水位较低时，宜修建导流堤。

(5)从多泥沙河流取水时，应在引水渠上设置冲沙设施。

6.2.3.5 河道拦河坝一般宜修成溢流坝的形式，坝高不超过 5 m。坝顶高程由引水闸前设计水位确定。

6.2.3.6 溢流坝坝型宜采取重力式浆砌石坝或混凝土坝；上游边坡 1:0～1:0.5，下游边坡 1:0.7～1:1.5。

6.2.3.7 溢流坝坝体稳定应符合要求。

6.2.4　机井工程

6.2.4.1 井灌区的规划应符合以下要求。

(1)规划应在水利总体规划的基础上进行，统筹考虑规划区内国民经济近期和远景发展的需要。

(2)规划与设计应在具有必要的水文地质资料和地下水资源评价的基础上进行。

(3)合理利用水资源，统筹考虑地下水与地表水，旱涝碱综合治理。

(4)井灌区规模应根据规划区水量供需平衡计算确定。供水量依据水资源评价结果；需水量由当地灌溉用水量计算确定。

(5)地下水开采深度应根据规划区地下含水层埋深及开采地下水降深确定。优先开采浅层地下水，严格控制开采中层地下水。地下水超采引起水位持续下降的地区，应限量开采，通过发展节水灌溉或调整作物种植结构，逐步减少地下水的开采量。

(6)机井数量的确定分两种情况：当需水量小于或等于地下水允许开采量时，根据井灌区面积和单井控制面积确定；反之，当需水量大于允许开采量时，按照允许开采量确定井灌区面积，根据井灌区面积和单井控制面积确定机井的数量。

(7)单井出水量小于 15 m^3/h 的区域，不宜采用井灌。

6.2.4.2 机井布置应符合下列要求。

(1)地下水水力坡度较陡的地区，应沿等水位线交错布井；地下水水力坡度平缓的地区，应按梅花形或方格形布井。

(2)地下水水量较为丰富的地区应集中布井，地下水水量较贫乏的地区应分散布井。

(3)地面坡度较陡或起伏不平的地区，井位应布设在高处；地面坡度较平缓的地区，井位宜居中布置。

(4)沿河地带可平行河流布井；湖塘地带可沿湖塘周边布井。

(5)井群布设应与灌排渠沟或管道系统、道路、林带、输电线路的布置相协调。

6.2.4.3 机井工程应满足以下要求。

(1)井的深度根据当地水文地质条件确定；混凝土管井的深度、井径、壁厚参考表 6.2.4.3。

表 6.2.4.3 各类型区机井技术参数

二级类型区(模式)	井径(cm)	混凝土管壁厚(mm)	设计使用年限(a)
山前倾斜平原井渠灌溉类型区(模式)	30～50	30～60	≥20
坡改梯水保旱作类型区(模式)	30～50	30～60	≥20
豫西山地丘陵灌溉类型区(模式)	30～50	30～60	≥20
豫西河谷盆地灌溉类型区(模式)	30～50	30～60	≥20
缓平原灌排类型区(模式)	30～50	30～60	≥15
低洼平原排灌类型区(模式)	30～50	30～60	≥20
江淮河谷平原灌溉类型区(模式)	30～50	30～60	≥20
江淮丘岗冲垄稻田类型区(模式)	30～50	30～60	≥20

(2)井孔直径除应能下入井壁管和滤水管外，还应满足围填滤

料的要求。井孔终孔直径较井管外径大，采用非填砾过滤器时，应大于100 mm,采用填砾过滤器时,中粗沙含水层中应大于200 mm,粉细沙含水层中应大于 300 mm。

(3)机井的滤水结构应满足下列要求：

①能有效防止涌沙、堵塞。

②具有足够的进水面积和最小的进水阻力。

③具有合理的强度、抗腐蚀、抗锈结和耐久性能力。

④结构简单，制作方便，经济实用。

6.2.4.4 机井配套设备选择应符合以下要求。

(1)灌溉工程的新配水泵，宜选用国家公布的节能型产品，严禁选用淘汰产品。

(2)水泵应根据地下水位埋深和出水量选定。当机井动水位埋深在水泵允许吸程范围内时，宜选用离心泵；当超过允许吸水高度时，可选用潜水泵或长轴深井泵。

(3)选用水泵的流量应满足灌溉系统设计流量的要求，不大于抽水试验确定的机井出水量；扬程应根据地下水动水位和灌溉系统设计要求合理选定；在灌溉系统设计流量下，水泵工况点应在高效区内工作。

(4)水泵直接与管网相连接时，应分别校核在管道系统最大工作水头和最小工作水头下，水泵的工况点是否在高效区内，如偏离过大应重新选择水泵或调整管道系统的设计。

(5)动力机类型应根据当地能源条件合理选定。选配动力机功率时，电动机功率备用系数可采用 1.1 ~ 1.3，柴油机可采用 1.2 ~ 1.4。电动机配套的机井，其装置效率不宜低于 45%；柴油机配套的机井，其装置效率不宜低于 40%。

(6)当需要建设井房时，井房位置应与机井位置相协调。井房面积以 9 ~ 12 m^2 为宜，室内净高不低于 2.5 m；屋面应做防渗漏处理，室内地面为混凝土地面，厚度 10 cm。井房宜为砖混结构，且应便于机泵安装、线路布设、管理和维修。

6.2.5 小型雨水集蓄工程

6.2.5.1 雨水集蓄工程指修建在山丘地区，拦蓄雨水做灌溉水源的工程。一般包括雨水集流工程和蓄水工程(蓄水池和水窖)。

6.2.5.2 小型雨水集蓄工程适用于地表水、地下水缺乏或开采利用困难、经常发生季节性缺水的山丘地区。

6.2.5.3 小型雨水集蓄工程的最低供水标准应保证作物关键期灌水需求。

6.2.5.4 小型雨水集蓄工程的布置原则。

(1)小型雨水集蓄工程规划应根据当地雨水资源、地形等条件及经济能力，合理确定开发利用规模。

(2)小型雨水集蓄工程应与节水灌溉设施统一布置，并与农业措施相结合。

(3)小型雨水集蓄工程的集流能力应与蓄水工程容量相一致。

(4)用于灌溉的小型雨水集蓄工程应与其他用水的集雨工程分开布置。

(5)应充分利用闲置地及荒坡地。

(6)应尽量在地势较高的位置布置。

6.2.5.5 雨水集流工程。

(1)集流工程由集流面、汇流沟和输水渠道组成。

(2)集流面尽量利用自然坡面，新建的人工集流面可采用防冲、防渗性能良好的材料建造。集流面积根据用水量、降雨量、地形条件分析确定。

(3)汇流沟和输水渠道断面形式分矩形、U形或梯形，汇流沟的比降应根据地形确定，衬砌的沟渠一般不宜小于 1/300，断面尺寸应按汇流流量确定。汇流沟和输水渠道宜采用现浇或预制混凝土、浆砌石等材料建造。

6.2.5.6 蓄水池工程。

(1)应选择在地形有利、地质条件良好、施工方便的位置。

(2)蓄水池容积应根据所需的灌溉水量及坡面能够集蓄的水量通过计算分析后加以确定。一个集流工程可集中布设一个蓄水池，也可分散布置多个蓄水池。单池容量一般为100～1 000 m^3。

(3)蓄水池应进行防渗处理。可采用混凝土、浆砌石、土工膜等材料进行防渗。

(4)蓄水池的进水口前应设拦污栅、沉淀池、进水闸阀、泄水道；蓄水池正常蓄水位以上20 cm处应设置泄水管(口)。

(5)蓄水池的出水管或倒虹吸管进口应高于底板30 cm。

(6)蓄水池的形式可根据地形条件确定，宜先用圆形和矩形。

(7)敞开式蓄水池，应设置安全和安全警示设施。

6.2.5.7 水窖工程。

(1)水窖容积一般30～100 m^3，也可以根据实际需要适当调整蓄水容积。

(2)水窖应避开填方或易滑坡地段，水窖外壁与崖坎和根系发育树木的距离应大于5 m。多个水窖布置时，外壁间距应大于5 m。

(3)水窖结构尺寸应符合以下要求：

①水窖深度宜小于7 m，直径宜小于4 m。

②水窖口应高出地面0.3～0.5 m，水窖口直径宜为0.6～1.0 m。

6.2.6 引黄灌溉

6.2.6.1 以引黄作为灌溉水源的，应考虑到地表水与地下水的联合运用，统一调度。

6.2.6.2 应严格控制地下水埋深，以防盐碱和涝渍产生。

6.2.6.3 以引黄为灌溉水源时，应避免汛期高含沙量时引水，其引水的含沙量应小于7 kg/m^3，粒径小于0.05 mm。

6.3 输水工程

6.3.1 明渠

6.3.1.1 项目区支渠、斗渠、农渠应设置为固定渠道。

6.3.1.2 灌溉渠道系统布置应符合灌区总体设计和灌溉标准要求，并应符合下列规定。

(1)支渠宜沿等高线或分水岭布置，斗渠宜与等高线交叉布置。

(2)渠线应避免通过风化破碎的岩层、可能产生滑坡及其他地质条件不良的地段。

(3)渠线宜短而直，避免深挖、高填和穿越村庄。

(4)自流灌区范围内的局部高地，经论证可实行提水灌溉。

(5)井渠结合灌区不宜在同一地块布置自流与提水两套灌溉系统。

(6)支渠和位置重要的斗渠末端应有退水设施。

(7)平原地区斗渠以下各级渠道宜相互垂直。斗渠长度宜为1 000 ~ 3 000 m，间距宜为 400 ~ 800 m；末级固定渠道(农渠)长度宜为 400 ~ 800 m，间距宜为 100 ~ 200 m，与田块长度和宽度相协调，并应与农机具宽度相适应。

(8)末级固定渠道可根据地形条件采用平行相间布置或平行相邻布置。地形复杂地区可因地制宜布设。

6.3.1.3600 公顷以上灌区的支渠应按续灌方式设计，斗渠、农渠应按轮灌方式设计。必要时支渠也可按轮灌方式设计。轮灌组数宜取 2 ~ 3 组，各轮灌组的供水量宜协调一致。

6.3.1.4 续灌渠道应按设计流量、加大流量和最小流量进行水力计算。轮灌渠道可只按设计流量进行水力计算。

6.3.1.5 渠道横断面应根据灌溉面积、沿线地形、地质条件以及边坡稳定等因素，按接近水力最佳断面进行设计。

6.3.1.6 渠道防渗衬砌应满足以下要求。

(1)现浇混凝土防渗衬砌结构，应每隔 5 ~ 8 m 设一道横向伸缩缝，伸缩缝宽度不宜小于 1 cm。缝内应采用能适应结构变形、黏结力强、防渗性能良好的填料灌实，必要时可埋设塑料止水带或橡胶止水带。农渠可根据需要设置伸缩缝。

(2)防渗衬砌结构采用的主要原材料规格、质量应符合国家现行有关强制性标准的要求，各项配合比均应通过试验确定。

(3)渠道防渗率：项目区不应低于 90%；井灌区固定渠道应全部防渗。

6.3.1.7 防渗渠道断面形式。

(1)防渗渠道的断面形式应采用梯形、U 形、矩形等形式。

(2)防渗渠道断面尺寸应通过水力计算确定。流量在 1 m^3/s 以上时宜采用梯形断面，在 1 m^3/s 以下宜采用 U 形或矩形断面。

(3)防渗渠道断面形式的选择应结合防渗结构的选择一并进行。

6.3.1.8 砌石防渗。

浆砌料石、浆砌块石挡土墙式防渗结构的厚度，应根据使用要求确定。护面式防渗结构的厚度，浆砌料石宜采用 15 ~ 25 cm；浆砌块石宜采用 20 ~ 30 cm。

6.3.1.9 混凝土防渗。

(1)宜采用等厚板。

(2)小型渠道应采用整体式 U 形或矩形渠槽，槽长不宜小于 1.0 m，厚度不应小于 4 cm。

6.3.1.10 混凝土性能及配合比设计，应符合下列规定。

(1)T1 型渠道防渗工程混凝土的配合比，应按《水工混凝土试验规程》(DL/T 5150—2001)进行试验确定，并满足强度、抗渗、抗冻的要求。T2 ~ T4 型渠道混凝土的配合比，可参照当地类似工程的经验采用。

(2)混凝土的性能指标不应低于表 6.3.1.10 中的数值。寒冷地区的冬季过水渠道，抗冻等级应比表内数值提高一级。

(3)渠道流速大于 3 m^3/s，或水流中挟带推移质泥沙时，混凝土的强度等级不应低于 C15。

表 6.3.1.10 混凝土性能的允许最小值

工程级别	混凝土性能	寒冷地区	温和地区
T2 ~ T4 型	强度	C20	C15
	抗冻	F50	—
	抗渗	W2	W2
T1 型	强度	C20	C20
	抗冻	F50	F50
	抗渗	W4	W4

注：(1)强度等级的单位为 MPa。

(2)抗冻等级的单位为冻融循环次数。

(3)抗渗等级的单位为 0.1 MPa。

(4)寒冷地区为最冷月平均气温-10℃ ~ -3℃；温和地区为最冷月平均气温高于-3℃。

(4)同一项目区渠道防渗工程所用水泥品种以 1 ~ 2 种为宜，并应固定厂家。混凝土有抗冻要求时，应优先选择普通硅酸盐水泥；环境水对混凝土有硫酸盐侵蚀时，应优先选择抗硫酸盐水泥。

6.3.2 低压管道

6.3.2.1 低压管道分为地埋管道和地上管道，宜在井灌旱作区采用。低压管道灌溉工程布局的要求如下。

(1)管道输水灌溉工程建设，应将井、水泵、管道系统及田间工程统一布置，力求技术先进、经济合理、效益显著。

(2)灌溉管道系统可根据地形、水源和用户用水情况，采用树枝状管网或环状管网。

(3)管道应布置在坚实的地基上，避开填方区和可能产生滑坡或受山洪威胁的地带。

(4)地形复杂处可采用变管坡布置。管道中心线敷设最大纵坡不宜大于1/1.5，倾角不应大于土壤的内摩擦角。

(5)管网压力分布差异较大时，可结合地形条件进行压力分区，采用不同压力等级的管材和不同的灌溉方式。

(6)固定管道宜埋在地下，易损管材应埋在地下；埋深应不小于80 cm，管槽开挖宽度据管道直径而定，以能够顺利埋设为宜。

(7)铺设在地面上直径大于100 mm的固定管道，应在拐弯处设置镇墩。

(8)铺设在松软地基或有可能发生不均匀沉降地段的刚性管道，应对管基进行处理。

(9)管道进口应设置节制阀，分水口较多的输配水管道，每隔3～5个分水口应设置一个节制阀；管道最低处应设置排水阀。

(10)一般宜用单井管道系统；采用多井汇流系统，应经技术经济论证。

(11)管道级数应根据系统灌溉面积(或流量)和经济条件等因素确定。旱作物区，当系统流量小于30 m^3/h时，可采用一级固定管道；系统流量在30～60 m^3/h时，可采用干管(输水)、支管(配水)两级固定管道；系统流量大于60 m^3/h，可采用两级或多级固定管道。对于渗透性强的沙质土灌区，末级还应增设地面移动管。

6.3.2.2 灌溉管道系统设计应符合下列规定。

(1)局部地区水压不足，提高全系统工作压力又不经济时，可另行增压；部分地区水压过高时，应设减压装置。

(2)管道转角不应大于90°。

6.3.2.3 管材选择应符合下列要求。

(1)所选管材的工作压力应大于或等于灌溉管道系统分区或分段的设计工作压力。

(2)固定管道宜优先选用硬塑料管。

(3)所选管材外形、规格、尺寸、公差配合和技术性能指标应符合国家现行标准的规定。

(4)所选管材必须经国家计量认证的质检机构抽检合格。

6.3.2.4 井灌区低压管道输水工程应符合下列要求：

(1)田间固定管道长度宜为 90 ~ 150 m/hm^2。

(2)支管走向宜平行于作物种植行，支管间距宜采用 50 ~ 150 m，单向浇地时取较小值，双向浇地时取较大值。

(3)出水口(给水栓)间距不应大于 100 m，且应用软管与之连接进行灌溉。每个出水口控制灌溉面积宜为 0.25 ~ 0.6 hm^2，单向浇地时取小值，双向浇地时取大值。

(4)应设有安全保护装置。寒冷地区应布设排水、泄空及防冻害装置。

6.3.2.5 遇到下列情况时管路应设置镇墩。

(1)管内压力水头大于等于 6 m，且管轴线转角大于等于 15°。

(2)管内压力水头大于等于 3 m，且管轴线转角大于等于 30°。

(3)管轴线转角大于等于 45°。

6.3.2.6 镇墩应设在坚实的地基上，并按受力要求确定尺寸。

6.3.2.7 其他设施。

(1)在管道轴线起伏段的高处和向下弯处，应设置进排气设施；在管轴线起伏段的低处和管道系统的最低处，宜设置泄水阀和渗水井。

(2)在顺坡管道节制阀下游侧、逆坡管道节制阀上游侧，以及可能出现负压的管段，应设置负压消除设施。

(3)管道系统可根据需要设置量水设备，计量误差应小于

5%。

6.3.3 地面移动软管应满足以下要求

(1)软管质量符合国家有关质量要求，具有出厂合格证。

(2)软管直径不宜小于 100 mm，长度不宜大于 150 m。

(3)软管的设计使用年限不应低于 3 年。

6.4 喷微灌工程

6.4.1 喷灌

6.4.1.1 水源紧缺、地形起伏较大、灌水频繁或经济作物地区，宜选用喷灌。

6.4.1.2 喷灌工程建设应遵循以下原则。

(1)喷灌工程由水源、首部枢纽、管网和田间配套等组成。

(2)喷灌工程应选用经过法定检测机构检测认定合格的材料及设备。

(3)对于易锈蚀的管道，应采取防锈措施；使用过程中暴露于阳光下的塑料管道，应含有抗紫外线添加剂。

(4)在垄作田内，应使支管与作物种植方向一致；在丘陵山区，应使支管沿等高线布置；在可能的条件下，支管宜垂直主风向。

(5)管道的纵剖面应力求平顺，减少折点；有起伏时应避免产生负压。

(6)移动式管道应根据作物种植方向、机耕等要求铺设，避免横穿道路。

(7)固定管道应根据地形、地基和直径、材质等条件来确定其敷设坡度及对管基的处理；固定管道的末端及变坡、转弯和分岔处宜设镇墩；管段过长或基础较差时，应设支墩。

(8)在连接地埋管和地面移动管的出地管上，应设给水栓装置；在地埋管道的阀门处应建阀门井；在管道起伏的低处及管道末端应设泄水装置。

(9)各级管道的首端应设置开关阀。公称通径大于 DN50mm 的开关阀宜采用闸阀、截止阀等不易快速开启和关闭的阀门。

(10)在管道起伏的高处应设置进排气装置，进排气装置的进气和排气量应能满足该管段进气和排气的要求。

(11)当管道过长或压力变化过大时，应在适当部位设置节制阀或压力调节装置，压力调节装置的输出压力范围应满足喷灌系统设计工作压力的要求。

6.4.1.3 定喷式喷灌系统的设计喷灌强度应小于土壤的允许喷灌强度，不同类别土壤的允许喷灌强度可按表 6.4.1.3-1 确定。当地面坡度大于 1/20 时，允许喷灌强度可按表 6.4.1.3-2 进行折减。行喷式喷灌系统的设计强度可略大于土壤的允许喷灌强度。

表 6.4.1.3-1　各类土壤的允许喷灌强度　(单位：mm/h)

土壤类别	沙土	沙壤土	壤土	壤黏土	黏土
允许喷灌强度	20	15	12	10	8

注：有良好覆盖时，表中数值可提高 20%。

表 6.4.1.3-2　坡地允许喷灌强度降低值

地面坡度(%)	5 ~ 8	9 ~ 12	13 ~ 20	＞20
允许喷灌强度降低(%)	20	40	60	75

6.4.1.4 定喷式喷灌系统喷灌均匀系数不应低于 0.75，行喷式喷灌系统不应低于 0.85。

6.4.1.5 喷头组合间距可按表 6.4.1.5 确定。

表 6.4.1.5　组合喷头间距

设计风速 (m/s)	组合间距	
	垂直风向	平行风向
0.3 ~ 1.6	(1.3 ~ 1)R	1.3R
1.6 ~ 3.4	(1 ~ 0.8)R	(1.3 ~ 1.1)R
3.4 ~ 5.4	(0.8 ~ 0.6)R	(1.1 ~ 1)R

注：(1)R 为喷头射程；
(2)在每一档风速中可按内插法取值；
(3)风向多变采用等间距组合时，应选用垂直风向栏的数值。

6.4.1.6 喷灌系统中喷头的工作压力应符合下列要求。

(1)设计喷头工作压力均应在该喷头所规定的压力范围内。

(2)任何喷头的实际工作压力不得低于设计喷头工作压力的90%。

(3)同一条支管上任意两个喷头之间的工作压力差应在设计喷头工作压力的 20%以内。

(4)喷灌系统中压力变化较大时，应划分压力区域，并分区进行设计。

(5)喷灌的雾化指标应符合表 6.4.1.6 的规定。

表 6.4.1.6　不同作物的适宜雾化指标

作物种类	h_p/d
蔬菜及花卉	4 000 ~ 5 000
粮食作物、经济作物及果树	3 000 ~ 4 000
饲草料作物	2 000 ~ 3 000

6.4.2　微灌

6.4.2.1 微灌(或组合系统)工程适用于水资源相对缺乏种植粮食的区域、经济条件较好区域或种植经济作物区域。

6.4.2.2 微灌管网规划布置应遵循以下原则。

(1)微灌管网分干管、支管和毛管，面积小的可只设支、毛管两级。

(2)管道埋深应根据土壤冻层深度、地面荷载和机耕要求确定，支管埋深不小于 50 cm，毛管埋深不小于 30 cm。

6.4.2.3 微灌技术参数。

(1)微灌设计土壤湿润比应根据自然条件、作物种类、种植方式及微灌形式确定，可按表 6.4.2.3-1 选取。

表 6.4.2.3-1 微灌设计土壤湿润比(%)

	果 树	葡萄、瓜类	蔬 菜	粮、棉、油等作物
滴灌	25 ~ 40	30 ~ 50	60 ~ 90	60 ~ 90
微喷灌	40 ~ 60	40 ~ 70	70 ~ 100	100

注：干旱或缺水地区宜取下限值。

(2)设计耗水强度应采用设计年灌溉季节月平均耗水强度峰值，并应由当地试验资料确定，在无实测资料时可通过计算或由表 6.4.2.3-2 选取。

表 6.4.2.3-2 设计耗水强度 (单位：mm/d)

	果树	葡萄、瓜类	蔬菜(保护地)	蔬菜(露地)	粮棉油
滴灌	3 ~ 5	3 ~ 6	2 ~ 3	4 ~ 7	4 ~ 6
微喷灌	4 ~ 6	4 ~ 7	—	5 ~ 8	5 ~ 8

注：干旱地区宜取上限值。

(3)设计系统日工作小时数应根据当地水源和农业技术条件确定，不宜大于 20 h。

(4)灌水器设计工作水头应取所选灌水器的额定工作水头。没有额定工作水头的灌水器，应由灌水器水头与流量关系曲线确定，但不宜低于 2 m。

(5)灌水器设计允许流量偏差率应不大于20%。

(6)微灌应满足均匀度要求，不得产生地表径流，微灌均匀系数不应低于0.8。

6.4.2.4 管道、管件与附属设施。

(1)应按照设计要求选择管道与管件，直径50 mm以上的各级管道和管件可选用聚氯乙烯产品；直径50 mm以下的应选用聚乙烯产品；管道和管件应选择不透光、抗老化、施工方便、连接牢固可靠的材料。

(2)微灌系统中必须安装水质净化设施。水质净化设施应根据水质状况和灌水器的流道尺寸选择，并满足以下要求。

①当灌溉水中无机物含量小于10 ppm，或粒径小于80 μm时，宜选用沙过滤器、200目筛网过滤器或叠片式过滤器。

②灌溉水中无机物含量10～100ppm或粒径在80～500 μm时，宜先选用旋流水沙分离器或100目筛网过滤器作初级处理，然后再选用沙过滤器。

③灌溉水中无机物含量大于100或粒径大于500 μm时，应使用沉淀池或旋流水沙分离器作初级处理，然后用200目筛网或沙过滤器。沉淀池的表面负荷率不宜大于3.0 mm/s。

④灌溉水中有机污物含量小于10 ppm时，可选用沙过滤器或200目筛网过滤器。

⑤灌溉水中有机污物含量大于10 ppm时，应选用初级拦污筛作第一级处理，再选用沙过滤或200目筛网过滤器。

(3)微灌系统应安装控制、安全保护和量测设备，选择止水性能好、耐腐蚀、操作灵活的流量、压力控制阀、进排气阀和冲洗排污阀门；选择阻力损失小、灵敏度高、量程大的水表及2.5级压力表，压力表的量程应是系统设计压力的1.3～1.4倍。

(4)微灌系统的施肥与化学药物注入装置应根据设计流量大小、化肥和化学药物的性质选择耐腐蚀的文丘里施肥器、压差式施肥罐、活塞泵或隔膜泵等设备。

6.5 排水工程

6.5.1 农田排水方式有明沟、暗管、竖井等类型，应根据项目区洪、涝、渍、碱的成因和治理要求，因地制宜地选择排水方式。

(1)在以排涝为主的项目区，宜以明沟排水为主。

(2)在山地丘陵区的易垮塌地区、在平原及丘陵下湿田集中的地区、在地下水位较高和有排渍要求的地区，可采用暗管排水。

(3)在浅层地下水水量较丰、出水条件较好和水质可用于灌溉的井灌区，可采用竖井排水。

6.5.2 明沟排水。

6.5.2.1 明沟排水系统的设置应与灌溉渠道系统相对应，可依干、支、斗、农顺序设置固定沟道，并可根据排水区的形状和面积大小、负担的排水任务、土壤透水性及地下水埋深情况等，适当增减沟道级数。对处于黄河故道、沙地等的项目区，可通过分析论证确定是否设置末级固定排水农沟。

6.5.2.2 明沟排水系统由各级排水沟道、承泄区以及附属排水建筑物组成。其布置应符合下列要求。

(1)排水线路宜短而直。各级排水明沟原则上应沿低洼积水线布置，并尽量利用天然河沟，避免高填、深挖和通过淤泥、流沙等地质不良地段。

(2)支沟与干沟、干沟与天然河流的夹角宜为 30°~60°，支、斗、农沟宜相互垂直连接。当地形坡度大于 1/200 时，末级固定排水沟宜大体上沿等高线布置。

(3)田间末级固定排水沟可采取与灌溉渠道平行相邻或相间的布置形式。

(4)排水明沟可与其他形式的田间排水设施结合布置。梯田排水沟宜结合坡面排洪沟、截水沟布置；水旱间作区、水田与旱地之间宜布置截渗排水沟。

(5)排水沟出口宜采用自排方式。

(6)附属排水建筑物应统一规划并配套布设到田间。当排水建筑物与灌溉建筑物相邻近时，宜采用联合布置形式。

(7)排水承泄区应充分利用河、湖、塘的调蓄能力。

(8)项目区内明沟排水系统的布置应充分考虑与项目区周边排水系统的协调衔接。

6.5.2.3 末级固定排水沟应符合下列要求。

(1)末级固定排水沟的深度和间距，应根据地形条件、当地机耕作业、农作物对地下水位的要求、田块大小和田间灌溉渠道等情况，按相应的排水标准设计并经综合分析确定。

(2)用于排渍和防治土壤盐碱化的末级固定排水沟深度和间距，宜按《农田排水试验规范》SL 109 通过田间试验确定，也可按《灌溉与排水工程设计规范》GB 50288—99 附录 K 所列公式进行计算并经综合分析确定。无试验资料时可按表 6.5.2.3 确定。

表 6.5.2.3 末级固定排水沟深度和间距 (单位：m)

末级固定排水沟深度	排水沟间距		
	黏土、重壤土	中壤土	沙壤土、轻壤土
0.8 ~ 1.3	15 ~ 30	30 ~ 50	50 ~ 70
1.3 ~ 1.5	30 ~ 50	50 ~ 70	70 ~ 100
1.5 ~ 1.8	50 ~ 70	70 ~ 100	100 ~ 150
1.8 ~ 2.3	70 ~ 100	100 ~ 150	—

(3)兼有排涝和调控地下水位作用的末级固定排水沟，应按调控地下水位的要求确定沟深和间距，按排涝设计流量、边坡稳定和施工要求确定断面。

(4)末级固定排水沟的沟底宽不应小于 0.3m。

6.5.2.4 排水明沟设计应满足输水能力、水位控制、上下级沟道和排水建筑物的水位平顺衔接、边坡稳定、不发生冲淤、工程量少、便于人力施工或机械作业等要求，并符合下列规定。

(1)土质排水沟宜采用梯形断面；石质排水沟宜采用矩形断面；浆砌石或混凝土衬砌的排水沟宜采用梯形断面。

(2)排水沟过水断面应根据排水任务、控制面积及产汇流条件等，按相应排水标准计算所得的设计流量来确定。

(3)排水沟占地宽度应根据横断面特征、控制范围、排水流量、边坡系数等因素的计算结果，并结合当地实际需要确定。

(4)通过设计流量时，下级沟道水位宜低于上级沟道水位0.1 ~ 0.2 m；末级沟道设计水位宜低于地面 0.2 ~ 0.3 m。通过校核流量时，允许下级沟道对上级沟道有暂时的水位顶托现象。

(5)排水沟沟底比降应根据沿线地形、地质条件、上下级沟道的水位衔接条件、不冲不淤要求以及考虑承泄区水位变化情况等确定，并宜与沟道沿线地面坡度接近。平原区支沟宜为 1/3 000 ~ 1/10 000，斗沟和农沟宜为 1/1500 ~ 1/5 000。

(6)排水沟平均流速宜控制在 0.6 ~ 1.0 m/s，最小流速不宜小于 0.3 m/s。黏性土渠允许不冲流速应满足表 6.5.2.4-1 的要求。

表 6.5.2.4-1 黏性土渠允许不冲流速 (单位：m/s)

土质	轻壤土	中壤土	重壤土	黏土
允许不冲流速	0.60 ~ 0.80	0.65 ~ 0.85	0.7 ~ 0.95	0.75 ~ 1.0

注：表中不冲流速为水力半径 $R=1.0$ m 的情况，当 $R\neq1.0$ m 时，表中所列数据应乘以 R^a。指数 a 值可按下列情况采用：①对于疏松的壤土、黏土可取 a=1/3 ~ 1/4；②中等密实或密实的壤土、黏土可取 a=1/4 ~ 1/5。恭恭敬敬

(7)土质排水沟边坡系数应根据开挖深度、沟槽土质及地下水情况等，经稳定分析计算后确定。开挖深度不超过 5 m，水深不

超过 3 m 的沟道，最小边坡系数可按照表 6.5.2.4-2 的规定确定。

表 6.5.2.4-2 土质排水沟最小边坡系数

土质	排水沟开挖深度(m)			
	＜1.5	1.5～3	3.0～4.0	4.0～5.0
黏土、重壤土	1.0	1.25～1.5	1.5～2.0	＞2.0
中壤土	1.5	2.0～2.5	2.5～3.0	＞3.0
轻壤土、沙壤土	2.0	2.5～3.0	3.0～4.0	＞4.0
沙土	2.5	3.0～4.0	4.0～5.0	＞5.0

(8)在易塌滑地段，应根据排水沟土质、土体受力和地下水作用等条件进行边坡稳定分析，经技术经济比较，选用合适的稳固坡脚或生物固坡、护坡等技术措施。

6.5.3 暗管排水。

6.5.3.1 暗管排水系统由吸水管、集水管(沟)、附属建筑物和排水出路组成。其布置应符合下列规定。

(1)吸水管应具有良好的吸聚地下水流和输水能力，宜等间距平行布设在集水管(沟)两侧或一侧呈正交或锐角斜交的形式，并与地下水流向垂直或呈不宜小于 40°的夹角。

(2)集水管(沟)应能及时汇集并排泄吸水管的来水，宜顺地面坡向布置在农田中部或环田布设，与吸水管管线夹角不应小于 30°。

(3)各级排水暗管的首端与相应上级灌溉渠道的距离不宜小于 3 m。

(4)可根据需要设检查井、暗管口门和集水井等附属建筑物。

(5)排水出路宜采用明沟自排。

6.5.3.2 排水暗管的设计应符合下列要求。

(1)吸水管埋深应采用允许排水历时内要求达到的地下水位埋深与剩余水头之和，剩余水头值可取 0.2 m 左右；吸水管间距宜通过田间试验或公式计算，经综合分析确定。缺少资料地区可按表 6.5.3.2 确定。

表 6.5.3.2 吸水管埋深和间距 (单位：m)

吸水管埋深	吸水管间距		
	黏土、重壤土	中壤土	轻壤土、沙壤土
0.8 ~ 1.3	10 ~ 20	20 ~ 30	30 ~ 50
1.3 ~ 1.5	20 ~ 30	30 ~ 50	50 ~ 70
1.5 ~ 1.8	30 ~ 50	50 ~ 70	70 ~ 100
1.8 ~ 2.3	50 ~ 70	70 ~ 100	100 ~ 150

(2)集水管埋深应保证吸水管在正常条件下自由出流，其间距视吸水管的平面布置形式和地形而定。

(3)排水暗管的管径应满足过流和经济性要求。吸水管宜采用同一内径，实际选用的内径不得小于 50 mm；集水管可根据汇水情况分段采用不同内径，实际选用的内径不得小于 80 mm。

(4)排水暗管的比降应满足管内允许不淤流速要求。管内径小于或等于 100 mm 时可采用 1/300 ~ 1/600；大于 100 mm 时可采用 1/600 ~ 1/1 500。在地形平坦地区，吸水管首、末端的埋深差值不宜大于 0.4m，如比降不符合上述规定时，可适当缩短吸水管长度。

(5)排水暗管的管材宜遵循就地取材、经济适用的原则选用，质量应符合国家有关标准规定，可选用陶管、混凝土管和聚氯乙烯波纹管等。

(6)吸水管周围设置的外包滤料应按取材容易、施工方便、耐酸碱、不易腐烂、对作物无公害且无污染环境的原则选择。

6.5.4 竖井排水。

6.5.4.1 竖井布置应符合《机井技术规范》SL 256 和当地水利规划的要求。

6.5.4.2 竖井设计应以当地水文地质勘探、抽水试验成果或渗流计算为依据，按照灌溉用水和调控地下水位的要求，确定抽水层、井深、井型结构、井群布设和抽水机具等项目。

6.6 渠系建筑物工程

6.6.1 渠系建筑物主要包括水闸、渡槽、涵洞、农桥、倒虹吸、跌水与陡坡、量水设施等。

6.6.2 新建渠系建筑物应满足灌排系统运行安全，交通便利，方便生产与生活等要求。原有渠系建筑物可根据工程总体布置及建筑物运行状况、完好程度，选择适宜的更新改造措施。

6.6.3 渠系建筑物的结构形式应根据工程特点、作用和运行要求，结合建筑材料来源和施工条件等因地制宜选定，其功能应满足渠系设计条件下对流量、流速、水位等的要求，使水面衔接平稳，出流顺畅，水头损失小，运行管理方便。

6.6.4 水闸。

6.6.4.1 渠道上的水闸，按其所承担的任务可分为分水闸、节制闸、泄水闸、退水闸和排水闸等不同类型。

6.6.4.2 在灌溉渠道轮灌组分界处、渠道断面变化较大的地点应设置节制闸；在分水闸或泄水闸的渠道下游宜根据需要设置节制闸。节制闸设计应符合下列规定。

(1)节制闸宜选择在渠线顺直、水流平稳、渠床稳定的缓坡渠段上。

(2)闸室结构宜采用开敞式。

(3)闸孔设计过水断面宜与渠道过水断面相适应。

(4)闸孔数目宜为奇数。

(5)闸底槛槛顶宜与渠底齐平或稍高于渠底高程。

6.6.4.3 在分水渠道的进口处应设置分水闸。分水闸设计应符合下列规定。

(1)分水闸宜选择在渠线顺直段或渠道弯道凹岸顶点稍偏下游处。

(2)分水闸与渠道中心线夹角宜为锐角，闸室进口不应凸入上级渠道。

(3)闸室结构可采用开敞式或封闭式。

(4)闸前设计水位宜按分水比例，采用比上级渠道设计流量对应水位略低的水位，可比上级渠道设计水位低 0.1 ~ 0.2 m。

(5)闸底槛槛顶宜与上级渠底齐平或稍高于上级渠底，多泥沙渠道上应高于上级渠底 10 cm 以上。

6.6.4.4 泄水闸设计应符合下列规定。

(1)泄水闸应尽可能布置在地面低洼、靠近溪沟、河流或承泄区处。

(2)闸室结构可采用开敞式或封闭式。附近设有节制闸的泄水闸宜采用开敞式。

(3)泄水闸设在渠道一侧，闸中心线与渠道中心线的夹角宜取 60° ~ 90°。

6.6.4.5 退(排)水闸设计应符合下列规定。

(1) 退(排)水闸应尽可能布置在地面低洼、靠近溪沟、河流或承泄区处。

(2)闸室结构宜采用开敞式。

(3)闸中心线宜与沟渠中心线重合。

(4)闸孔设计过水断面积与沟渠过水断面积相适应。

(5)闸底槛槛顶宜与沟渠底齐平或稍低于沟渠底。

6.6.4.6 水闸结构与材料应符合下列技术要求。

(1)水闸宜选用浆砌块石、混凝土或钢筋混凝土等材料，并合理选择各部位材料的强度、抗渗和抗冻标号。水闸各部位材料的最低强度标号应满足《水闸设计规范》SL 265—2001 中的有关规定。

(2)水闸翼墙平面布置可采用一字墙、八字墙或斜降翼墙等形式，宜采用混凝土、钢筋混凝土或浆砌石结构的重力式挡土墙。上下游护坡、护底的厚度：浆砌石 30 ~ 50 cm，现浇混凝土 20 ~

30 cm，预制混凝土板铺砌 10 ~ 20 cm。

(3)闸室底板宜采用钢筋混凝土结构的平底板形式，厚度应根据闸室地基条件、作用荷载及闸孔净宽等因素，经计算并结合构造要求确定。

(4)闸墩厚度应根据闸孔孔径、受力条件、结构构造要求等确定，可采用钢筋混凝土或浆砌石结构。平面闸门闸墩处最小厚度不宜小于 40 cm。

(5)节制闸、分水闸、泄水闸、退(排)水闸均应设消能防冲设施，宜采取底流式消能方式。护坦可采用浆砌卵石或钢筋混凝土结构，厚度应满足抗冲和抗浮要求。砌石海漫厚度宜为 30 ~ 50 cm，混凝土板、钢筋混凝土板海漫厚度宜为 10 ~ 30 cm。

(6)闸门宜采用钢、铸铁、钢筋混凝土平板闸门，可采用固定式手动或手电两动螺杆启闭机。

(7)水闸地下轮廓线布置应满足闸室稳定和闸基防渗要求。防渗铺盖可采用黏土、壤土、混凝土、钢筋混凝土、土工膜等材料。

6.6.4.7 斗门与农门设计应符合下列要求。

(1)斗门可设在干、支渠渠岸两侧，农门可设在斗渠渠岸两侧。斗、农门宜以 90°的分水角引水。

(2)斗、农门进水高程满足田块灌水要求，一般应高出平整后田面接水端 10 cm 以上。

(3)斗、农门底部高程应根据上级渠道水位变化，以及保证斗渠引水要求确定。在干渠及支渠首部，斗门底部高程宜高于上级渠底；在支渠中下部，斗门底部高程可取与支渠底齐平。

(4)斗、农门可采用开敞式或涵管式。门体可按标准规格选用钢板、钢筋混凝土板、PVC 板等，并可用预制件装配。

6.6.5 渡槽。

6.6.5.1 渠道跨越山冲、谷口、河流、沟溪、洼地、道路或者其他渠道，采用其他跨越或绕道形式建筑物不适宜时，可选用渡槽。

6.6.5.2 渡槽布置应符合下列要求。

(1)槽址处应河势(渠道)稳定、地势平缓、地质条件较好。

(2)槽身轴线应短而直，宜与跨越的河流、渠道、道路等正交。

(3)渡槽进、出口宜设在挖方渠道上，并应与上、下游渠道平顺连接，避免急转弯。

(4)渡槽进、出口应设渐变段，渐变段长度可分别取渠道与渡槽水面宽度差值的 1.5 ~ 2 倍和 2.5 ~ 3 倍。

(5)连接段长度根据具体情况由布置决定，其与渐变段之间的接缝需设止水。

(6)渡槽进、出口段底部和两侧应妥善布置防渗、防漏和完善的排水系统。

6.6.5.3 渡槽设计应符合下列要求。

(1)渡槽结构形式宜采用梁式和拱式。槽身横断面宜采用矩形或 U 形。梁式渡槽满槽时，槽内水深与水面宽度的比值：矩形断面宜采用 0.6 ~ 0.8；U 形断面宜采用 0.7 ~ 0.9；拱式渡槽可适当减小。槽身过水断面的平均流速宜为 1.0 ~ 2.0 m/s，最小流速应不低于 0.3 m/s。

(2)渡槽槽身与上、下游进出口段连接处、梁式渡槽各节之间及拱式渡槽相对变形较大处，均应设伸缩缝，缝内应设防渗止水。止水形式可选用埋入式、压板式、黏合式或套环式。

(3)渡槽的下部支承结构可根据实际情况选用排架、槽墩与槽台等形式。

(4)渡槽的地基基础应保证具有足够的强度、稳定性及耐久性，可根据地质条件、上部荷载、水流冲刷影响等情况，选用刚性基础、柔性基础或桩基础。

6.6.6 倒虹吸。

6.6.6.1 渠道跨越渠沟、道路，采用其他跨越或绕道形式的建筑物不适宜时，可选用倒虹吸。

6.6.6.2 倒虹吸布置应符合下列要求。

(1)倒虹吸宜设在两岸坡度较缓、沟底地形较平坦处，应避免通过可能产生滑坡、崩塌及其他地质条件不良的地段。

(2)倒虹吸轴线在平面上的投影宜为直线，并宜与交叉的渠沟、道路中心线正交。

(3)倒虹吸进、出口段应尽可能布置在挖方地段上。

(4)进口前、出口后应设渐变段与渠道平顺联接。进、出口渐变段长度可分别取上、下游渠道设计水深的 3 ~ 5 倍和 4 ~ 6 倍。进口渐变段之后应设置拦污栅。

6.6.6.3 倒虹吸设计应符合下列技术要求。

(1)可根据地形、地质条件和跨越渠沟、道路的具体情况等，选用地埋式或桥式倒虹吸。

(2)倒虹吸横断面宜优先采用圆形断面。

(3)倒虹吸的管内平均流速宜控制在 1.5 ~ 2.5 m/s；平原区倒虹吸的管内流速应大于不淤流速。

(4)倒虹吸的管材应根据流量、水头、施工条件及经济性等因素，可选用混凝土管、钢筋混凝土管、钢管等。

(5)在倒虹吸管轴线方向变化处、地埋式管段与架空式管段连接处或分段式钢管每两个伸缩接头之间，应设置镇墩。

(6)倒虹吸可采用分层夯实的碎石、三合土或素土管床，管座宜落座在良好地基上。管径较小、地基又比较坚固稳定的倒虹吸可直接铺设在素土平基或弧形土基上。

(7)倒虹吸各部位均应满足强度、稳定、地基变形、抗裂、抗渗以及抗冻等方面的技术要求。

6.6.7 农桥。

6.6.7.1 在田间路、生产道跨越沟渠处应设农桥。

6.6.7.2 农桥布置应符合下列要求。

(1)农桥应根据所在道路的性质和功能要求，按照“安全、适用、经济、与周围环境协调、造型美观”的原则，兼顾因地制宜、便于施工、就地取材和利于养护等因素进行布置。

(2)农桥宜布置在沟渠顺直稳定、水流平缓、沟渠底部及两岸地质条件良好的挖方或填方高度较低的渠段上。

(3)同一沟渠上的农桥宜选用相同的结构形式和标准跨径。可采用的标准跨径有：0.75 m、1.0 m、1.25 m、1.5 m、2.0 m、2.5 m、3.0 m、4.0 m、5.0 m、8.0 m、10 m、13 m、16 m、20 m。

(4)农桥的桥下净空应满足防洪和排涝要求。跨沟渠农桥的桥下净空应高出沟渠的设计水位 0.3 m 以上。

(5)农桥全长应与所跨沟渠宽度相适应，不应超过 20 m。桥面宽度应与所连接的田间道路路基同宽，必要时可设置路沿或栏杆。

(6)当附近有涵洞、水闸、渡槽、倒虹吸等渠系建筑物时，宜采用联合布置形式。

6.6.7.3 农桥设计应符合下列技术要求。

(1)农桥应采用技术成熟、容易施工、经济实用的结构形式。一般可采用钢筋混凝土简支桥，石料丰富地区可采用石拱桥。在交通容许有限中断时，可修建漫水桥和过水路面。

(2)农桥结构设计的安全等级应不低于公路桥涵结构设计安全等级中的三级。

(3)农桥应按照限制行车速度和安全荷载，设置安全标志。

(4)农桥的汽车设计荷载按如下规定采用：对以通行中型货车为主的农桥，所采用的公路—II 级车道荷载的效应可乘以 0.8 的折减系数，车辆荷载的效应可乘以 0.7 的折减系数；对于通行中型货车较少的农桥，所采用的公路—II 级车道荷载的效应可乘以 0.45 的折减系数，车辆荷载的效应可乘以 0.5 的折减系数。

(5)农桥的人群荷载标准值采用 3.0 kN/m^2；设计农桥栏杆时，作用在栏杆柱顶上的水平推力标准值取 0.75 kN/m，作用在栏杆扶手上的竖向力标准值为 1.0 kN/m。

(6)桥上及桥头引道的线形应与路线布设相互协调，各项技术指标应参照四级公路的最低标准值确定。桥上纵坡不宜大于4%，桥头引道纵坡不宜大于5%。

(7)桥面铺装的结构形式宜与所在位置的路面相协调。桥面铺装应有完整的桥面防水、排水系统。桥面应设排水设施。

(8)农桥下部结构的设计应充分考虑土质构造与地质条件、结构受力、水文、流速及河床性质等因素的综合作用，可采用重力式、轻台式及桩柱式等。

(9)农桥的基础类型应根据水文、地质、地形、上部结构、荷载、材料供应和施工条件等合理选用，并应保证具有足够的强度、稳定性和耐久性。

6.6.8 涵洞。

6.6.8.1 沟渠穿越道路、圩堤、高地时，宜选用涵洞；沟渠被其他沟渠或道路穿越时，宜设渠下输水、排洪或交通涵洞。流量较小的沟渠穿越田间道路时，宜采用涵管。

6.6.8.2 涵洞布置应符合下列要求。

(1)涵洞轴线宜短而直，并与所交叉的沟渠、道路的中心线正交；渠道涵洞轴线与渠道中心线应一致。

(2)涵洞宜选择在渠线顺直、水流平稳的渠段上，并尽可能布置在地质条件坚固的地段，避免产生不均匀沉陷。

(3)涵洞进、出口应与沟渠平顺连接；出口产生冲刷时，应布置消能防冲设施。

(4)涵洞进、出口一般不设闸门。当涵洞有控制灌排水位或挡御外水要求时，应在进口或出口设置闸门。

6.6.8.3 涵洞设计应符合下列技术要求。

(1)涵洞横断面可采用圆形、矩形或拱形。明流涵洞或交通涵洞宜采用拱形。

(2)涵洞可根据水头、建筑材料及施工条件等，选用混凝土、钢筋混凝土或砌石结构。

(3)圆形涵管直径宜取 0.8 ~ 1.5 m，并尽量采用标准跨径；矩形涵、箱涵跨径宜取 2 ~ 3 m，拱涵矢跨比宜取 1/2 ~ 1/8。

(4)明流涵管、拱涵水面以上的净空高度不应小于洞高的 1/4，矩形涵、箱涵不应小于洞高的 1/6。

(5)涵洞顶部填土厚度不应小于 1.0 m；当涵管顶部填土厚度小于 1.0 m 时，应采用混凝土全包管等加固措施。涵洞上部为衬砌渠道时，涵顶应低于渠道防渗层至少 0.5 m。上部荷载较小的涵管顶部填土厚度不应小于 0.4 m。

(6)涵洞荷载等级要与所在道路的限载等级相一致。

(7)涵洞基础形式应依据涵洞形式、孔径及地基土质条件确定。涵洞基础埋置深度应根据地基承载能力及冻土深度等确定。

6.6.9 跌水、陡坡。

6.6.9.1 沟渠通过高差较大、坡度较陡的地段时或者在沟渠底高程相差悬殊的上下级沟渠结合处，可设置跌水或陡坡。

6.6.9.2 跌水与陡坡的布置应满足下列要求：

(1)跌水与陡坡应位于地形适宜、地质条件良好、地下水位较低、稳定坚实的挖方渠段上。

(2)纵向中心线应与渠道中心线重合，平面结构应左右对称。

(3)进口连接控制段的平面形状应左右对称地渐变收缩，其长度应根据上游渠道底宽与设计水深的比值确定。

(4)进口控制段末应设长度小于 1.0 m 的跌口(控制堰口)或闸门调节上游水位。

(5)渠道陡坡的陡槽段在平面上宜对称、等宽、直线布置，跌口至消力池两侧宜直线连接，其扩散角不宜大于 6°。

(6)上、下级渠道结合处的跌水或陡坡，宜与水闸、溢流堰等结合布置。

6.6.9.3 跌水与陡坡设计应满足下列技术要求。

(1)跌水与陡坡应满足沟渠的输水、泄流能力，上下游沟渠有良好的水力条件；进、出口连接段水流平稳、水头损失小。

(2)跌口可采用矩形、梯形、台堰形等形式，应保证在通过不同流量时上游渠道不发生过大壅水或降水现象。

(3)陡坡的陡槽段横断面应为矩形或梯形。梯形横断面边坡应小于或等于 1∶1；陡槽段纵向坡度宜为 1/2.5～1/5。

(4)跌水以直立式跌水墙形成落差，宜采用重力式浆砌石或扶臂式钢筋混凝土结构。

(5)消力池横断面应为矩形或梯形。消力池纵断面宜为平底，其上游端与直立式跌水墙或者陡槽相接，下游宜用 1∶2～1∶3 的仰坡与下游渠底相连。消力池的底板衬砌可用混凝土、浆砌石材料，混凝土衬砌厚度不小于 0.2 m，浆砌石衬砌厚度不小于 0.3 m。

(6)地下水位高、跌差大和地基土渗透性较大的跌水与陡坡，应加设防渗排水设施。

6.6.10 量水设施。

6.6.10.1 灌溉渠道的引水、分水处，应根据需要设置量水设施，并宜与灌排建筑物相结合。

6.6.10.2 量水设施应布置在渠线顺直、断面规则、水流平稳、泥沙含量小、远离不良干扰因素的缓坡渠段上。

6.6.10.3 量水设施的具体形式可结合实际情况选择。渠道量水可利用已建成的渠系建筑物或堰槽类建筑物，也可设置专门的各种堰槽设施，可采用巴歇尔量水槽、无喉槽、三角量水堰或梯形量水堰等。U 形渠道宜选用直壁式量水槽。

6.6.10.4 灌溉管道的量水装置(仪表)可根据需要与量测精度要求，选用分流式、孔板式、滑片式或电磁式等，有条件时可采用自记量水设备。

6.7 泵站及输配电工程

6.7.1 泵站

6.7.1.1 泵站工程可分为灌溉泵站、排水泵站和灌排结合泵站三种类型。泵站规模应根据项目区的需要，综合分析确定。

6.7.1.2 泵站站址选择应根据泵站规模、运行特点和综合利用要求，考虑地形、地质、水源或承泄区、电源、对外交通、施工、管理等因素，经技术经济比较选定，并应符合下列要求。

(1)站址宜选择在岩土坚实、抗渗性能良好的天然地基上。

(2)山丘区泵站宜选择在地形开阔、岸坡稳定、有利于泵站建筑物布置的地点。

(3)从河流、湖泊、渠道取水的灌溉泵站，应选择在有利于控制提水灌溉范围，使输水系统布置比较经济的地点，且与灌渠的布置相适应。

(4)从水库取水的灌溉泵站，应选择在岸坡稳定、靠近灌区、取水方便、受泥沙影响少的地点。

(5)灌排结合泵站的站址应根据有利于外水内引和内水外排，防止土壤次生盐渍化，并兼顾灌排渠系合理布置等要求，经综合比较确定。

(6)排水泵站应选择在排水区地势低洼、能汇集排水区涝水，且靠近承泄区的地点。

6.7.1.3 泵站枢纽的总体布置包括泵房、进出水建筑物、专用变电站、机电设备、电气设备等。一般应符合下列要求。

(1)宜优先采用正向进水、出水的布置形式。

(2)水源距渠首较远且地势平坦的灌溉泵站，宜采用引水式布置；水源紧邻灌溉渠首或岸边坡度较陡时，宜采用岸边式布置。

(3)从多泥沙河道取水的灌溉泵站，应采取防沙、沉沙、排沙和抗磨蚀等工程措施。

(4)从渠道取水的灌溉泵站，宜在渠道取水口下游设节制闸。

(5)排水泵站布置应充分考虑自排的可能性。在具有部分自排条件的地点建设排水泵站，泵站宜与排水闸合建；当建站地点已建有排水闸时，排水泵站宜与排水闸分建。

(6)当水位变化幅度不大或扬程较低时，灌排结合泵站可采用双向流道的泵房布置形式；当水位变化幅度较大或扬程较高时，可采用单向流道的泵房布置形式。

6.7.1.4 泵房及机电设备布置应符合下列要求。

(1)泵房建筑结构合理，安全可靠，造型实用美观，满足通风采光等要求。

(2)泵房结构形式应根据主泵类型与规格、水源水位变幅和地基状况等因素，经技术经济比较，可选用分基型、干室型、湿室型、块基型。

(3)泵房地面以下部分宜采用钢筋混凝土结构，泵房上部宜采用砖混结构。

(4)泵房室内机电设备应配置齐全，布置整齐、紧凑、合理，满足运行和安全要求。

(5)室内空间应满足设备起吊、安装、运行、检修、通行要求适度考虑运行人员的工作环境。

(6)配电设备宜集中布置于泵房的一侧或一端；安装检修间宜布置在主机房内外交通方便的一端或进水侧。

(7)泵房内应设置集水、供排水设施与设备及消防器材。

6.7.1.5 泵站进出水建筑物包括引渠、前池、进水池、进出水流道、出水管道、出水池及压力箱等，并应符合下列要求。

(1)进、出水建筑物应满足泵站进、出水流量的要求。

(2)引渠宜采用梯形断面，边坡应稳定。水中漂浮物较多时，应在引渠末端或前池入口处设置拦污和清污设施。

(3)前池宜采用梯形断面，纵向底坡宜为1/4～1/5，与引渠、进水池平顺衔接，流速宜取0.8～1.0 m/s。

(4)进水池宜采用矩形断面，流速不宜超过0.5 m/s，其秒换水系数不应小于30。

(5)进、出水流道的设计应使流速和压力沿程分布均匀变化。进口断面处流速宜取0.8～1.0 m/s，出口流速不宜大于1.5 m/s。

(6)进、出水管路应短而直，尽量减少弯头、附件。进水管道设计流速不宜小于1.0 m/s，出水管道设计流速不宜小于1.5m/s。

(7)出水池宜采用开敞式，宜通过翼墙及梯形断面渐缩段与灌排渠沟相连，渐变段的平面收缩角不宜大于 40°。出水池流速不应大于2.0 m/s，且不允许出现水跃。

(8)水泵进口在进水池最低运行水位以下时，进水侧应设阀门，宜采用蝶阀。蝶阀直径等于或大于400 mm时，宜采用电动操作。水泵出口应设阀门，扬程大于30 m或管道长度大于300 m时，应安装缓闭阀或多功能水泵控制阀。出水管上不应安装单向止回阀或拍门。

6.7.1.6 泵站机组的选择应符合下列要求。

(1)应满足设计流量、设计扬程及不同时期供排水的要求。

(2)应具有较高的效率和良好的抗空蚀性能。在正常工作范围内，水泵的流量与扬程曲线应比较平缓、运行效率较高，且不允许产生动力机过载。

(3)应优先选用国家推荐的标准系列产品和经过鉴定的产品。当有多种泵型可供选择时，应经综合经济技术比较确定。条件相同时，宜选用卧式离心泵。

(4)泵站机组宜为 2～4 台套，不同流量的水泵型号不宜多于 2种。流量在0.5 m^3/s以下的灌溉泵站可采用单机组，不配置备用机组。

(5)动力机应与主泵配套合理，宜优先采用电动机。

(6)泵站的装置效率不宜低于54%。

6.7.1.7 泵站供电系统设计应以泵站所在地电力系统现状和发展规划为依据，结合灌排泵站安装的电动机额定电压、单机容量、台数等，合理确定供电点、接线方案、供电电压等。

(1)泵站装机容量较大时，可采用专用直配输电线路供电；装机容量较小、距离居民点较近，且泵站用电不对居民的生产、生活造成影响时，可由居民点供电系统直接向泵站供电。

(2)泵站供电系统的电压等级宜为 10 kV，且宜采用“站变合一”的供电管理方式。

(3)200 kW 以下电动机额定电压一般采用 380V/220V，200kW 以上电动机额定电压一般采用 10 kV。

6.7.1.8 泵站电气工程主接线应根据供电系统设计要求以及泵站规模、运行方式等因素确定，并应满足下列要求。

(1)电气主接线应简单可靠、操作检修方便、节约投资。

(2)电气主接线的电源侧宜采用单母线不分段，配电线路采用电缆。

(3)电动机电压母线宜采用单母线接线。6～10 kV 电动机电压母线进线回路宜设置断路器。采用双回路供电时，应按每一回路承担泵站全部容量设计。

(4)站用变压器宜接在供电线进线断路器的线路一侧，也可接在主电动机电压母线上。当设置 2 台站用变压器，且附近有可靠外来电源时，宜将其中 1 台与外电源连接。

6.7.1.9 泵站应设置照明装置。泵房内照明线路采用暗线暗管敷设方式就地控制。泵站电气设备及建筑物应配备防火设施。主泵房、辅机房及屋内外输、配电装置等设施处，应装设防雷击保护装置。

6.7.2 输电工程

6.7.2.1 输电线路分高压输电线路、低压输电线路。输电线路的电压一般按高压 10 kV、供电半径 15 km 以内，低压 380V/220V、供电半径 0.5 km 以内进行选择。

6.7.2.2 架空输电线路的路径选择应符合下列要求。

(1)线路尽量短而直，减少转角。

(2)尽量避免同公路、河道、房屋、林带以及电力线、通信线路等的交叉跨越，不应跨越顶部为易燃材料的建筑物。

(3)线路架设和维护要方便，避免穿越沟谷、沼泽等通行困难的地带。

(4)电杆不应设置在易被车辆碰撞、易受水流冲刷和易受水淹的地方。

6.7.2.3 架空输电线路的导线与地面、建筑物、树木等的距离，应符合下列规定。

(1)导线与地面最小距离：10kV 为 6.5 m，3 kV 以下为 6 m。

(2)导线与建筑物的距离：在最大计算弧垂情况下的最小垂直距离，10 kV 为 3 m，3 kV 以下为 2.5 m。在最大计算风偏情况下的最小水平距离，10 kV 为 1.5 m，3 kV 以下为 1.0 m。

(3)导线与路旁树木的距离：在最大计算弧垂情况下的最小垂直距离，10 kV 为 1.5 m，3 kV 以下为 1.0 m；在最大计算风偏情况下的最小水平距离 10 kV 为 2.0 m，3 kV 以下为 1.0 m。

6.7.2.4 架空输电线路由导线、绝缘子、横担、拉线和金具(铁件)、电杆等组成。一般应符合下列要求。

(1)架空导线截面选择应满足以下条件。

①按经济电流密度选择；

②线路末端的电压偏差应满足：380 V 为 ± 7%；220 V 为 −10% ~ +7%；

③按允许电压损耗校核时：自配电变压器二次侧出口至线路末端(不包括接户线)的允许电压损耗不大于额定低压配电电压(220 V、380 V)的 7%；

④导线的最大工作电流不应大于导线的允许载流流量；

⑤铝绞线、架空绝缘电线的最小截面为 25 mm^2，也可采用不小于 16 mm^2 的钢芯铝绞线。

(2)架空导线应采用与线路额定电压相适应的绝缘子固定，其规格根据导线截面大小选定。绝缘子应采用符合《低压绝缘子瓷件技术条件》GB/T 773、《低压架空电力线路绝缘子》GB/T 1386.1 标准的电瓷产品。

(3)线路横担及铁附件均应采用热镀锌或其他先进防腐措施。

(4)电杆宜采用符合 GB 4623 标准的定型产品。农村宜选用不低于 10 m 的钢筋混凝土杆，集镇宜选用不低于 12 m 的钢筋混凝土杆。

(5)铝绞线、钢芯铝绞线的档距：集镇和村庄为 40 ~ 50 m；田间为 40 ~ 60 m；架空绝缘电线的档距：一般为 30 ~ 40 m，最大不应超过 50 m。

(6)高压接户线的档距不宜大于 40 m。档距超过 40 m 时，应按高压配电线路设计。低压接户线的档距不宜大于 25 m。档距超过 25 m 时，宜设接户杆。

6.7.2.5 地埋电力线路应符合下列要求。

(1)地埋线的导线必须符合《农用直埋铝芯塑料绝缘护套电线》JB 2171 标准的有关规定。

(2)地埋线敷设路径的选择与架空线路相同，宜尽量避开易受到机械、振动、化学、水锈蚀、热影响、白蚁、鼠害等各种损伤的地区。当必须经过上述地段时应采取一定的保护措施。

(3)地埋线可采用地埋敷设和电缆沟敷设。地埋线深度不宜小于 0.8 m。

(4)地埋线路的分支、接户、终端及引出地面的接线处，应装设地面接线箱。

6.7.3　配电装置

6.7.3.1 低压配电设计所选用电器，应符合国家现行的有关标准，并应符合下列要求。

(1)电器的额定电压应与所在回路标称电压相适应。

(2)额定电流不应小于所在回路的计算电流。

(3)额定频率应与所在回路的频率相适应。

(4)应适应所在场所的环境条件。

(5)应满足短路条件下的动稳定与热稳定的要求。

(6)用于断开短路电流的电器应满足短路条件下的通断能力。

6.7.3.2 变压器选择应符合下列要求。

(1)主变压器的容量应根据泵站的总设计计算负荷以及机组启动、运行方式进行确定。当选用 2 台及 2 台以上变压器时，宜选用相同型号和容量的变压器。当选用不同容量和型号的变压器时，必须符合变压器并列运行条件。

(2)变压器低压侧电压应与电机设备的额定电压等级相同。

(3)变压器容量可按泵站装机容量和照明之和的 1.25 倍计算。

(4)变压器宜选用 10 kV 级节能低损耗系列。

(5)按变压器的安装条件及用途，选择适宜的高压熔断器。

6.7.3.3 配电变压器的布置应符合下列要求。

(1)正常环境下，泵站和机井用配电变压器宜采用柱上安装或屋顶安装，底座距地不应小于 2.5 m。

(2)安装在室外的落地配电变压器的座基础应高于当地最大洪水位，但不得低于 0.3 m。变压器四周应设置安全围栏，围栏高度不低于 1.8 m，栏条间净距不大于 0.1 m，围栏距变压器的外廓净距不应小于 0.8 m，各侧悬挂“有电危险，严禁入内”的警告牌。

(3)安装在室内的配电变压器，应保证室内有良好的自然通风，可燃油油浸变压器室的耐火等级应为一级。

6.7.3.4 配电装置包括低压配电屏、动力照明配电箱和高压开关等，应根据额定电流、内部电器设备及安装要求等确定，宜采用成套标准系列设备。

6.7.3.5 室内配电装置的布置应根据电气设备的电压等级、操作元件形式、载流部分两侧是否有廊道等因素确定，应满足下列要求。

(1)室内配电装置的安全净距不应小于表 6.7.3.5 中的规定。设计尺寸可略为放大，以便安装和检修方便。

(2)室内各种通道的最小宽度(净距)应符合下列规定。

①维护通道：设备单列布置 0.8 m，设备双列布置 1.0 m；

②操作通道：设备单列布置 1.5 m，设备双列布置 2.0 m。

(3)电缆和绝缘导线一般应穿管敷设。当管内穿一根电缆时，电缆管内径为电缆外径的 1.5 倍；当管内穿过多根绝缘导线时，导线的总截面一般不大于管子截面的 40%。

表 6.7.3.5 配电装置的安全净距 (单位：mm)

序号	适应范围	系统标称电压(kV)			
		1～3	6	10	35
1	带电部分至接地部分之间	75	100	125	300
2	不同相的带电部分之间	75	100	125	300
3	栅状遮栏至带电部分之间	825	850	875	1 050
4	网状遮栏至带电部分之间	175	200	225	400
5	无遮栏裸导体至地(楼)面之间	2 500	2 500	2 500	2 600
6	平行的不同时停电检修无遮拦裸导体之间	1 875	1 900	1 925	2 100
7	架空出线至地面	4 000	4 000	4 000	4 000
8	架空出线至建筑物、构筑物顶部之间	2 700	2 700	2 700	2 900

7 田间道路工程

7.1 一般规定

7.1.1 道路类型划分

土地开发整理项目田间道路包括田间道和生产路，其中田间道按主要功能和使用特点分为田间主道和田间次道。

7.1.2 道路功能

7.1.2.1 田间主道指项目区内连接村庄与田块，供农业机械、农用物资和农产品运输通行的道路。

7.1.2.2 田间次道指连接生产路与田间主道的道路。

7.1.2.3 生产路指项目区内连接田块与田块、田块与田间道，为田间作业服务的道路。

7.1.3 田间道路布置

7.1.3.1 田间道路应充分利用项目区内地形地貌条件，从方便农业生产与生活、有利于机械化耕作和节省道路占地等方面综合考虑，因地制宜，改善项目区内的交通和生产生活环境。

7.1.3.2 田间主道、田间次道宜沿斗渠(沟)一侧布置，路面高程不低于堤顶高程。

7.1.3.3 田间道路布置满足农田林网建设的要求。

7.1.3.4 项目区内各级道路应做好内外衔接，统一协调规划，使各级田间道路形成系统网络。

7.1.3.5 对于山地丘陵区,田间道的布置还应尽量依地形地貌变化，沿沟边或沟底布置，以减少新建田间道路的开挖和回填土方。

7.1.3.6 平面设计的平曲线主要技术指标可参照表 7.1.3.6。

表 7.1.3.6 道路平曲线主要技术指标

道路等级	田间主道		田间次道	
地形	平原区	丘陵山地区	平原区	丘陵山地区
行车速度(km/h)	40	20	30	15
一般最小圆曲线半径(m)	100	30	60	20

7.2 田间道工程

7.2.1 路面设计

7.2.1.1 建设指标。

田间道路路面宽度、路基宽度等建设指标详见表 7.2.1.1。

表 7.2.1.1 田间道路建设指标

工程类型	路面宽度	路肩宽度	路基宽度	边坡比	限载重量	设计年限
田间主道	4 ~ 5 m	0.5 m	5 ~ 6 m	1∶1.0 ~ 1∶1.5	≤6 t	≥15 年
田间次道	3 ~ 4 m	0.5 m	4 ~ 5 m	1∶1.0 ~ 1∶1.5	≤4 t	≥10 年
生产路	1 ~ 2 m	—	1 ~ 2 m	—	—	—

7.2.1.2 路面结构与材质。

(1)田间道路面结构一般设为两层：面层和基层。

(2)田间道路面，应高出地面 30 cm 以上。

(3)碎、砾石等砾料路面路拱坡度一般采用 2.5% ~ 3.5%。

(4)不同材料类型的田间道路面面层和基层厚度不低于表 7.2.1.2 的规定。

表 7.2.1.2 不同材料类型的田间道路面面层和基层厚度指标

工程类型	田间主道		田间次道
路面类型	水泥混凝土路面	沥青碎石路面	沙石或泥结石路面
面层厚度	≥16 cm	≥5 cm	≥15 cm
基层厚度	≥15 cm	≥15 cm	≥15 cm

(5)田间主道路面宜采用混凝土路面或沥青碎石路面；田间次道路面宜采用沙石路面或泥结石路面。路面基层材料宜采用水泥稳定碎石、二灰碎石等半刚性材料，也可采用水泥稳定粒料(土)、石灰粉煤灰稳定土、石灰稳定粒料(土)、填隙碎石或其他适宜的当地材料铺筑。

(6)路面材料的混凝土强度等级不低于 C20；石材强度等级不应低于 MU30；砌筑砂浆强度等级不低于 M7.5 的水泥砂浆；沥青针入度≤90，抗压模量为 800 ~ 1 200 MPa。

7.2.2 路基设计

7.2.2.1 基本规定。

(1)路基工程应具有足够的强度、稳定性和耐久性。

(2)路基设计应从地基处理、路基填料选择、路基强度与稳定性、防护工程、排水系统以及关键部位路基施工技术等方面进行综合设计。

(3)路基应采用水稳定性好的材料，严禁用种植土、表土、杂草或淤泥等材料填筑。浸水部分的路基，宜采用渗水性较好的土、石填筑，如碎石、砾石、片石等。填筑材料粒径和压实度应满足表 7.2.2.1 的规定。

表 7.2.2.1 填方材料的粒径和压实度

结构类型	最大粒径(cm)	压实度(%)
路堤	15	≥90
路床	10	≥87
路堑路床	10	≥90

(4)一般路基、沿河路堤的挡墙宜采用浆砌石砌筑，同时应与路旁的沟渠衬砌结合起来修筑，堤或墙顶宽度不应小于 30 cm，高度不小于 50 cm。

(5)对土质松软的路基应采用三合土或石灰土回填并压实。

(6)路基的护肩可采用浆砌石或混凝土砌筑，应与路旁的沟渠衬砌结合。路肩采用浆砌石时，应用水泥砂浆勾缝、抹面、压顶。

(7)路基工程的石材强度等级不应低于 MU30，混凝土强度等级不低于 C20，砌筑砂浆应采用强度等级不低于 M7.5 的水泥砂浆。

7.2.2.2 路基高度。

一般路段路肩边缘应高出路基两侧田面 15 cm 以上。

7.2.3 纵断面设计

7.2.3.1 纵断面应坡度平缓，起伏均匀，宜与农田纵坡一致。

7.2.3.2 田间道最大纵坡度值：平原地区不宜大于 6%；丘陵地区不宜大于 8%。最小纵坡度值应满足(雨、雪)排水要求，宜取 0.3%～0.4%，多雨地区宜取 0.4%～0.5%。

7.2.3.3 田间主道纵坡连续大于 5%时，坡长应不大于 500 m。否则，必须在限制坡长处设置缓和坡段。缓和坡段的坡度不应大于 3%，长度不应小于 100 m。受地形条件限制时，田间主道的缓和坡段长度不应小于 80 m。

7.2.3.4 田间次道纵坡连续大于 5%时，坡长应不大于 300 m；否则，必须在限制坡长处设置缓和坡段。缓和坡段的坡度不应大于 3%，长度不应小于 100 m。受地形条件限制时，田间次道的缓和坡段长度不应小于 50 m。

7.3　生产路工程

7.3.1 生产路宽度，应考虑通行小型农机具的要求，宽度宜为

1.0 ~ 2.0 m。

7.3.2 生产路路基，可采用天然土基层。

7.3.3 生产路面宜采用素土压实路面，对一些有特殊要求的地方，可采用泥结石、碎石等路面。素土路面土质应具有一定的黏性和满足设计要求的强度，压实系数不宜低于 0.95。采用泥结石面层时，厚度宜为 8 ~ 15 cm，石材强度不应低于 MU30。

7.3.4 生产路路面应高出田面 0.15 m。

7.3.5 生产路可不设路肩。

7.3.6 生产路纵坡与农田纵坡基本一致。

8　农田防护与生态环境保持工程

8.1　一般规定

8.1.1　农田防洪标准

8.1.1.1 农田防护与生态环境保持工程的建筑物防洪标准应参照《水利水电工程等级划分及洪水标准》(SL 252—2000)执行。

8.1.1.2 土地开发整理项目区堤防防洪标准按表 8.1.1.2 规定确定。

表 8.1.1.2　堤防防洪设计标准

保护农田面积(hm^2)	防洪标准	工程等别	堤防性质
＞2 000	20 年一遇洪水	Ⅰ	农堤
2 000 ~ 1 300	15 年一遇洪水	Ⅱ	农堤
1 300 ~ 600	10 年一遇洪水	Ⅲ	农堤
＜600	10 年一遇洪水	Ⅳ	农堤

8.1.1.3 梯田防御暴雨标准宜采用 20 年一遇 3 ~ 6 h 最大降雨。各地可根据当地降雨特点，分别采用当地最易产生严重水土流失的短历时、高强度暴雨作为防御暴雨标准。

8.1.2　生态环境建设标准

8.1.2.1 农田林网工程应在土地整理项目总体规划布局下进行，应遵循“适地适树，因地制宜”的原则，同时考虑经济效益和生态效益。各地应根据实际情况选取林带配置方式。

8.1.2.2 生态环境建设标准。按照河南省生态省建设规划提出的总体目标，结合土地开发整理项目生态环境建设要求，应满足以下具体指标。

(1)林地绿化率。土地开发整理后项目区农田防护林面积占耕地面积5%左右，其中粮食主产区和水田区农田防护林占耕地面积比重可适当降低。水土流失及存在沙化趋势的地区应加强农田防护林建设。

(2)植被覆盖率。包括农作物、林地、园地、牧草地等植被覆盖率达到90%以上。

(3)水土流失治理率。水土流失地区经采取工程、生物等措施后，治理水土流失面积达到90%以上。

(4)树木成活率。营造农田防护林、水土保持林、护堤林、护路林、护渠林等成活率达到95%以上。

8.2 农田林网工程

8.2.1 农田防护(防风)林

8.2.1.1 适宜于平原地区。

8.2.1.2 农田防护(防风)林带应以乔木为主，乔木、灌木树种应选两种以上。黄河故道和黄泛区农田防护(防风)林带以乔木、灌木结合为宜。

8.2.1.3 农田防护(防风)林带主要树种可选用：杨树、泡桐、侧柏、榆树、旱柳、刺槐、油松、柽柳、紫穗槐、沙棘。

8.2.1.4 整地要求。

(1)林带为穴状整地，规格为0.45m×0.45m×0.45m。

(2)造林整地应在适宜植树季节前进行。

8.2.1.5 主要树种造林密度见表 8.2.1.5。

表 8.2.1.5 主要树种造林密度表

树种	株行距(m)	树种	株行距(m)
泡桐	3.0×3.0 或 4.0×4.0	旱柳	2.0×2.0
杨树	2.5×2.5 或 3.0×3.0	刺槐	1.5×2.0
侧柏	1.0×1.5 或 1.0×2.0	紫穗槐	1.0×1.5
油松	1.0×1.5 或 1.0×2.0	沙棘	1.0×1.5

8.2.1.6 栽植要求。

(1)栽植前应对整地质量进行验收，合格后方可造林。

(2)造林时，同一林带上栽植的苗木等级应一致。农田防护林苗木规格按不同类型确定。乔木为 2 ~ 3 年生一级苗时，胸径(1.3 m 处)3 ~ 5 cm，高度在 2 ~ 3.5 m；灌木为 1 ~ 2 年生一级苗时，基径(根系上部)0.8 ~ 1.5 cm，高度在 1 ~ 1.5 m。

8.2.2 梯田田埂防护林(灌、草)

8.2.2.1 适宜于山地丘陵梯田区。

8.2.2.2 布设要求。

(1)当梯田埂坎较矮(坎高 1 m 左右)且较陡时，应在上部或中上部造林，即离埂坎顶 1/3 或 1/2 处。

(2)当梯田埂坎较高(坎高大于 2 m 以上)且较陡时，应在中部或中下部造林。

(3)当梯田埂坎不太高、坡度较缓时，可在中上部或中部造林。

8.2.2.3 主要树(灌、草)种。

豫西黄土丘陵区和豫西北山地丘陵以山杨、山杏、侧柏、刺槐、荆条、紫穗槐等乔、灌木和黑麦草、苜蓿、蒿类等草类为主。

伏牛山山地丘陵区以枫杨、桑树、刺槐、小叶杨、榆树、河柳、映山红、连翘等乔、灌木为主。

8.2.2.4 栽植密度。

梯田埂坎高低于 1 m 时，采用平行密植，株距为 0.5 m；埂坎高 1～2 m 时，栽植 2～3 行灌木，株行距 0.5 m×0.6 m；埂坎高大于 2 m 时，栽植 2～3 行灌木，株行距 0.5 m×0.8 m。

8.2.2.5 栽植技术。

(1)插条、压条造林。应选取 1～3 年生，直径 0.5～2.0 cm 粗的健壮枝条，截成 0.3～0.4 m 插穗，按设计位置及株行距，顺埂坎斜坡垂线和重力垂线夹角的角平分线方向插入，梢头露出地面 5 cm 以下。

(2)插孔造林。在埂坎外侧造林位置插孔，插孔深度应比苗木根际深 4～5 cm。

(3)刨坑、扒缝造林。在埂坎外坡，按设计植树位置，先挖成长、宽、深各 0.3 m 左右的小坑再造林。

(4)鱼鳞坑整地。鱼鳞坑为半圆形，外高内低，半径不小于 60 cm。

8.2.3 护路护渠林

8.2.3.1 布设原则与要求。

(1)护路护渠林配置于渠道与道路两侧岸坡上。

(2)护路护渠林要求美观、整齐，尽量做到渠、路、树结合。在渠堤兼作道路或一侧为道路时，护渠林与护路林应统一规划营造。

(3)田间主道和干、支渠宜全面绿化，构成方田林网。田间次道、生产路和斗渠两侧可不植树。

(4)主林带走向应垂直于主风方向，或呈不大于 30°～45°的偏角。副林带和主林带相垂直，如因地形地物限制，主、副林带可有一定偏角。

(5)通过山塬沟坡或风沙区的护路护渠林应以灌木造林为主。其上部坡面为 15°以上陡荒坡时，应沿等高线全面营造乔灌带状混交林。渠道堤岸下方应配置多行灌木。

8.2.3.2 主要造林树种：乔木以杨、柳和泡桐为主，灌木以紫穗槐、沙棘、荆条、桑为主。

8.2.3.3 造林规格。

(1)路、渠两侧可植树 1~2 行，黄河故道和黄泛区的路、渠两侧宜植树 2~3 行。大型渠道与田间主道两侧宜栽植 1~2 行乔木，大型渠道内坡上部宜栽植 1~2 行灌木或种植草本植物。

(2)乔木株行距可参照表 8.2.1.5 所列数值选用，灌木株行距(0.5~1.0)m×0.5 m。

8.2.4　护岸(护滩)林

8.2.4.1 布设要求。

(1)护岸(护滩)林配置在陡岸岸边及近岸滩地上。

(2)护岸(护滩)林应在堤防、砌石护岸等工程措施的基础上营造护岸护滩林，并应根据河道 20 年一遇洪峰流量标准，留出河道行洪宽度。

8.2.4.2 主要树种：乔木以杨树、柳树、刺槐等为主，灌木以紫穗槐、柽柳、桑条等为主。

8.2.4.3 造林技术。

(1)造林顺序应先从堤岸处逐渐向河床方向分别布设护岸林和护滩林。在平缓的河岸岸坡栽植 2~3 行乔木，行间混植灌木，乔木株行距可参照表 8.2.1.5 所列数值选用，临水坡栽植 3~5 行灌木，灌木株行距 1.0 m×1.0 m。在 3 m 以下陡峭岸坡，直接从岸边开始造林。3 m 以上高陡坡，应于岸边留出 2 m 后造林。

(2)在河流径流量不大，面积狭小的滩地上，应采用旱柳或灌木柳，分片、分段与水流方向垂直密集成行插埋，行株距 1.0 m×0.5 m。为避免被洪水冲毁，近河一边，应用碎石、沙土修筑成长埂加以保护。

(3)在滩地较长且河流流速较大时，应采用林带方向与水流方向呈 30°～45°交角，排成“雁翅形”造林方式。

8.3 岸坡防护工程

8.3.1 护堤工程

8.3.1.1 适用范围。土地开发整理护堤工程以旧堤改造、堤防加固为主。通过堤防加固维修，将堤防的防洪标准提高到不低于 10 年一遇。原则上不新建江河堤防，新修建江河堤防时，应作好论证工作。

8.3.1.2 堤防护坡。堤防护坡可采取工程措施护坡、生物措施护坡或综合护坡工程，护坡工程应设置在常年枯水位以上。

8.3.1.3 工程措施护坡。

(1)干砌石护坡。①坡面较缓(1:2.5～1:3.0)、受水流冲刷较轻的坡面，采用单层干砌块石护坡或双层干砌块石护坡；②坡面有涌水现象时，应在护坡层下铺设以 15 cm 上厚度的碎石、粗沙或沙砾作为反滤层。封顶用平整块石砌护；③干砌石护坡的坡度宜采用 1:2.5～1:3.0。

(2)浆砌石护坡。①坡度在 1:1～1:2，或坡面位于沟岸、河岸，下部可能遭受水流冲刷，且洪水冲击力强的防护地段，宜采用浆砌石护坡；②浆砌石护坡由面层和起反滤层作用的垫层组成。面层铺砌厚度为 25～35 cm，垫层又分单层和双层两种，单层厚 5～15 cm，双层厚 20～25 cm；③对长度较大的浆砌石护坡，应沿纵向每隔 10～15 cm 设置一道宽约 2 cm 的伸缩缝，并用沥青或木条填塞。

(3)抛石护坡。坡脚为沟岸、河岸，暴雨中可能遭受洪水淘刷的部分，对枯水位以下的坡脚应采取抛石护坡。抛石护坡分为散抛块石、石笼抛石和草袋抛石 3 种方式。

(4)混凝土护坡。在边坡坡脚可能遭受强烈洪水冲刷的陡坡段，采取混凝土(或钢筋混凝土)护坡，必要时需加锚固定。①边坡介于 1: 1.0 ~ 1:0.5 的、高度小于 3 cm 的坡面，用一般混凝土砌块护坡，砌体长宽各 30 ~ 50 cm；边坡陡于 1:0.5 时，用钢筋混凝土护坡；②坡面有涌水现象时，用粗沙、碎石或沙砾等设置反滤层。涌水量较大时，修筑盲沟排水，盲沟在涌水处下端水平设置，宽 20 ~ 50 cm，深 20 ~ 40 cm。

8.3.1.4 堤顶高程按设计洪水位、风浪爬高和安全超高确定，安全加高一般取 0.3 m。堤顶宽一般不小于 1 m，堤坡应按相关规程规范进行稳定计算确定。地基应力应满足地基允许承载力的要求。堤防基础埋深应满足抗冲刷和冻结深度的要求，并应设置变形缝，一般每 10 m 设置 1 条。

8.3.2 护岸工程

8.3.2.1 适用范围。土地开发整理小型护岸以中小河流为主，因岸边塌陷，侵蚀农田，危及项目区安全，需进行维修加固。因小型护岸工程量较大，情况比较复杂，应对小型护岸工程措施反复论证，慎重对待。

8.3.2.2 护基。小型护岸工程以护基为主，应设置在常年枯水位以下。护基工程通常采用抛石、石笼。抛石常用花岗石、岩石等块石，直径一般为 20 ~ 40 cm，块石体在水中临界休止角可定为 1:1.4 ~ 1:1.5，抛石厚度宜为 40 ~ 80 cm。石笼护基宜用铁丝、竹条等材料做成箱形或圆柱形，内填块石、砾石或卵石。石笼网格大小以不漏失填充的石料为度，铺设厚度宜为 40 ~ 50 cm。

8.3.2.3 削坡。为防止陡岸段被江河冲刷塌陷，可将陡岸段进行削坡处理，坡比一般为 1:2 ~ 1:3，并用块石及混凝土预制板护坡，块石护坡厚宜为 20 ~ 30 cm，混凝土预制板厚为 10cm。

8.3.2.4 护岸顶的安全超高一般不小于 50 cm，护岸结构顶宽度不小于 30 cm，并满足防汛要求。

8.4 沟道治理工程

8.4.1 谷坊

8.4.1.1 基本规定。

(1)谷坊工程必须在以小流域为单元的全面规划、综合治理中，与沟头防护、拦沙坝等沟壑治理工程互相配合。

(2)谷坊工程应利用沟中水土资源，发展林（果）牧生产和小型水利，做到除害与兴利并举。

(3)谷坊工程的防御标准宜为10~20年一遇3~6 h最大暴雨。各地根据降雨情况，分别采用当地最易产生严重水土流失的短历时、高强度暴雨。

(4)谷坊工程主要修建在沟底比降较大、沟底下切剧烈发展的沟段。要达到巩固并抬高沟床，制止沟底下切、稳定沟坡、制止沟岸扩张（沟坡崩塌、滑塌等）的要求。

(5)应根据沟道性状和建筑材料状况确定谷坊类型。土质沟道宜建土谷坊；石料来源充足的土石山区宜修建石谷坊；在有常流水的较小支毛沟上部土质沟床上，可选择修建植物谷坊。

(6)对于为保护交通、工厂、学校、居民点等有特殊要求的山洪、泥石流沟道，可选用坚固的永久性谷坊，如混凝土谷坊。

8.4.1.2 位置选择。

(1)在沟底比降5%~10%或更大，沟底下切剧烈发展的沟段，应系统布设谷坊群。

(2)根据沟底比降，从下而上确定每座谷坊位置，谷坊高2~5 m为宜，下一座谷坊的顶部大致与上一座谷坊基部等高。

8.4.1.3 坝址要求。

(1)“口小肚大”，工程量小，库容大，上游宽阔平坦。

(2)沟底和岸坡地形、地质状况良好，无孔洞或破碎地层，无不易清除的乱石和杂物。

(3)取用建筑材料（土、石、柳桩等）比较方便。

8.4.1.4 谷坊分类。

谷坊按建筑材料分为土谷坊、石谷坊和植物谷坊三类。

8.4.1.5 土谷坊。

(1)坝体断面:高度 2 ~ 5 m,顶宽 1.5 ~ 2.0 m,迎水坡比 1∶1.2 ~ 1∶1.5，背水坡比 1∶1.0 ~ 1∶1.5。

(2)溢洪口断面：溢洪口应布置在谷坊一侧的坚实土层或基岩上，上、下两座谷坊的溢洪口应左右交错布设。溢洪口断面按 10 年一遇洪峰流量设计；集水面积 10 hm^2 以下，底宽 1.0 m，侧坡 1∶1.2。

8.4.1.6 石谷坊。

(1)阶梯式石谷坊断面：坝高 2 ~ 4 m，顶宽 1.0 ~ 1.3 m，迎水坡比 1∶0.2，背水坡比 1∶0.8，坝顶过水深 0.5 ~ 1.0 m。

(2)重力式石谷坊断面：坝高 3 ~ 5 m，顶宽为坝高的 0.5 ~ 0.6 倍，迎水坡比 1∶0.1，背水坡比 1∶0.5 ~ 1∶1。

(3)溢洪口断面:溢洪口应设在坝顶,其断面尺寸应进行计算;集水面积 10 hm^2 以下,采用水深 0.5 m,底宽 1.0 m,侧坡为 1∶0.25。

8.4.1.7 植物谷坊。

(1)多排密植型。①在沟中已定谷坊位置，垂直水流方向，挖沟密植柳杆(或杨杆)，沟深 0.5 ~ 1.0 m；②柳杆(或杨杆)应选用活树干，直径 5 ~ 10 cm，杆长 1 ~ 2 m，每处谷坊栽植 5 排以上，排距 1.0 m，排内柳桩距 0.3 ~ 0.5 m；③柳(杨)插入土中 0.5 ~ 1.0 m，露出地面 0.3 ~ 0.5 m。

(2)柳桩块石谷坊。①多排密植型谷坊修筑后，将每排柳桩用柳条编织成篱笆，在排与排之间用块石和卵石填入；②打入土中深度不应小于 1.0 m，填石厚度应低于桩顶 15 cm；③用铁丝将前后 2 ~ 3 排柳桩联系绑牢，使之成为整体。

8.4.2　沟头防护工程

8.4.2.1 基本规定。

(1)当沟边有多处径流分散进入沟道时，应在修建沟头防护的同时，围绕沟边全面修建沟边埂。

(2)沟头防护工程防御标准以不低于 10 年一遇 3 ~ 6 h 最大暴雨为宜。各地可根据不同降雨情况，采用当地最易产生严重水土流失的短历时，高强度暴雨量。

(3)当沟头以上集水面积大于 10 hm^2 时，应布设相应的治坡工程和小型蓄水工程。

8.4.2.2 沟头防护工程类型。

沟头防护工程分为蓄水型沟头防护工程与排水型沟头防护工程两类，应根据沟头附近地形、地质及沟头以上来水量情况选用。

8.4.2.3 蓄水型沟头防护工程。

当沟头以上坡面来水量不大，沟头防护工程可以全部拦蓄时，采用蓄水型沟头防护工程。蓄水型又分两种。

(1)围埂式。在沟头以上 3.0 ~ 5.0 m 处，围绕沟头修筑土埂，拦蓄坡面来水，制止径流进入沟道；当沟头以上汇水面积较大，来水量大于蓄水量时，应在围埂上游距沟头 10 m 以上低凹处，修建蓄水池(涝池)，其容量为设计来水量与沟头防护工程拦蓄量之差；围埂位置应根据沟头深度确定，沟头深度 10 m 以内的，围埂位置距沟头 3.0 ~ 5.0 m，沟头深度大于 10 m 时，围埂位置距沟头应在 5.0 m 以上；围埂为土质梯形断面，埂高根据来水量确定，一般 1.0 m，顶宽 0.5 m，内外坡比为 1 : 1。

(2)围埂蓄水池式。当沟头以上来水量单靠围埂不能全部拦蓄时，在围埂以上附近低洼处，修建蓄水池，拦蓄部分坡面来水，配合围埂，共同防止径流进入沟道。

8.4.2.4 排水型沟头防护工程。

当沟头以上坡面来水量大，蓄水型防护工程不能全部拦蓄，或由于条件限制不能采用蓄水型沟头防护工程时，应采用排水型沟头防护工程。排水型又分跌水式和悬臂式两种。

(1)跌水式。当沟头陡崖(或陡坡)高差小于 2.5 m 时，可用浆砌块石修成跌水，下设消能工程。

(2)悬臂式。当沟头为垂直陡崖且高差大于 2.5 m 时，可用混凝土板做成槽状(或陶磁管、木制水槽)，悬臂置于沟头陡坎上，使坡面径流通过水槽排泄下沟，沟底应有浆砌石消力池或用碎石堆于跌水基部，以防冲刷。

8.4.3 拦沙坝

8.4.3.1 基本规定。

(1)应以小流域为单元，从主沟到支沟，从上游到下游，根据不同地形和比降，结合防洪灌溉、拦泥淤地、排水防碱和生产利用，全面布设大、中、小型拦沙坝，并在适当位置布设水库和治沟骨干工程，以最大发挥综合效益。

(2)按照坝系规划要求，已建成的拦沙坝布设不合理时，应根据洪水、泥沙、地表常流水等情况，通过坝系规划对现有拦沙坝进行调整、改造、新修或加固配套增加库容，达到合理利用水土资源，保证坝系安全运行。

(3)在沟道梯级建坝时，下坝最高回水位与上游坝脚之间，应保持一定距离，以保证上坝坝体安全。

(4)在泉水露头或有其他蓄水条件的沟段，可布置小水库，存蓄清水，发展灌溉和水产养殖。

8.4.3.2 拦沙坝分类。

(1)按坝高、库容、淤地面积三项指标，分大、中、小型三类，符合三项指标中的任何一项就可确定其分类，见表 8.4.3.2。

表 8.4.3.2 拦沙坝分类指标表

类别		坝高(m)	库容(万 m^3)
大型	大(一)型	＞30	100～500
	大(二)型	＞30	50～100
中型		15～30	10～50
小型		5～15	＜10

(2)大型拦沙坝集水面积为 3～5 km^2，由坝体、放水建筑物组成。必要时，可设溢洪道。

(3)中型拦沙坝集水面积为 1～3 km^2，由坝体和放水建筑物组成。

(4)土地开发整理项目区以新修小型拦沙坝为主，大、中型拦沙坝以加固修复为主。新修建大、中型拦沙坝时，应作好论证工作。

8.4.3.3 拦沙坝设计洪水。

根据不同拦沙坝坝型，设计洪水标准按表 8.4.3.3 确定。

表 8.4.3.3 设计洪水标准与淤积年限

项目		单位	拦沙坝类型			
			小型	中型	大(二)型	大(一)型
库容		万 m^3	＜10	10～50	50～100	100～500
洪水重现期	设计	年	10～20	20～30	20～30	30～50
	校核	年	30	50	200～300	300～500
设计淤积年限		年	5	5～10	10～20	20～30

8.4.3.4 拦沙坝坝址选择应符合下列要求。

(1)坝址应选在“口小肚大”，沟道比降较缓的地方，以及支沟分岔的下方和沟底陡坡、跌水的上方。

(2)坝端岸坡应有开挖溢洪道的良好地形和地质条件。

(3)坝址附近应有良好的筑坝材料和料场，而且采运、交通、施工方便。

8.4.3.5 小型拦沙坝。

(1)小型拦沙坝一般坝高为 5 ~ 15 m，库容 1 万 m^3 ~ 10 万 m^3，淤地面积 0.2 ~ 2 hm^2，单坝集水面积 1 km^2 以下。修建在小支沟或较大支沟中、上游处。

(2)小型拦沙坝由坝体与放水建筑物组成。小型拦沙坝宜采用土坝、砌石坝或堆石坝。

(3)小型拦沙坝坝体断面尺寸为：坝高 10 m 以下时，坝顶宽 2 ~ 3 m，上游坝坡比 1∶1.5，下游坝坡比 1∶1.25；坝高 10 ~ 20 m 时，坝顶宽 3 m，上游坝坡比 1∶2.0，下游坝坡比 1∶1.5。

8.5 坡面防护工程

8.5.1 截水沟

8.5.1.1 布置原则。

(1)当坡面下部为梯田或经济林园，上部为坡耕地或荒坡时，应在其交界处布设截水沟。截水沟的条数视上部坡面坡长而定，超过 50 m 以上坡长的坡面，应增设截水沟，增设截水沟的间距一般为 20 ~ 30 m。

(2)截水沟基本应沿等高线布设，其截水沟的一端与坡面排水沟相接，并在连接处做好沉沙、防冲设施。

(3)蓄水型截水沟沟底应水平，并在沟内每隔 5 ~ 10 m，修筑高 0.2 ~ 0.3 m 小土坎，防止串流冲刷。若设计流速大于不冲流速应考虑衬砌防护。

8.5.1.2 防御标准。

截流沟设计标准应根据流量大小、截流沟等级确定，一般采用 10 年一遇 24 h 最大降雨量进行设计。

8.5.1.3 截水沟断面。

(1)排水型截流沟比降宜取 1%～2%坡度，当设计流量为 0.03～0.10 m^3/s 时，可取 1/300～1/1 000，当设计流量为 0.1～0.3 m^3/s 时，可取 1/800～1/1500。

(2)截流沟断面形式及尺寸应根据设计流量、土质、地形、允许不冲不淤流速等进行设计。截水沟宜采用半挖半填式梯形断面，截水沟沟底宽 0.3～0.5 m，沟深 0.4 ～0.6 m，内坡比 1∶1，外坡比 1:1.5。

8.5.2 排洪沟

8.5.2.1 布置原则。

(1)排洪沟布设在坡面截水沟的两端或较低一端，用以排除截水沟不能容纳的地表径流。排洪沟终端连接蓄水池或排水沟道。

(2)排洪沟在坡面上的比降依其排水去处(蓄水池或排水沟道)的位置而定，当排洪沟出口位置在坡脚时，排洪沟宜与坡面等高线呈正交布设；当排洪沟出口位置在坡面时，排洪沟可沿等高线或与等高线呈斜交布设。

(3)梯田两端的排洪沟，一般与坡面等高线呈正交布设，并与梯田两端的道路同向布设。

(4)采用土质排洪沟时，应分段设置跌水。排洪沟以每台田面为一水平段，每台埂坎高设置一跌水，跌水处采用浆砌石防冲。

8.5.2.2 防御标准。

排洪沟按 10 年一遇 24 h 最大暴雨设计，20 年一遇 24 h 最大暴雨校核。

8.5.2.3 排洪沟断面形式及尺寸应根据设计流量、土质、地形、允许不冲不淤流速等进行设计。

8.5.2.4 排洪沟的其他技术要求参照本标准排水工程的有关规定。

8.5.3 蓄水池

8.5.3.1 蓄水池一般布置在坡面洪水汇流低凹处或坡脚处，也可布设在排(灌)沟(渠)旁，并与排水沟(或排水型截水沟)的终端相连接，形成排水网络。

8.5.3.2 蓄水池的池址，应根据地形有利、岩性良好、蓄水容量大、工程量小、施工方便等条件选定。

8.5.3.3 蓄水池容积应根据集水区面积，按 10 年一遇 24 h 暴雨量标准，经计算后确定。

8.5.3.4 蓄水池按作用、结构的不同分为开敞式和封闭式两种。蓄水池池体有浆砌石、砌砖和混凝土三种形式，可根据当地建筑材料选用。蓄水池池体应作好稳定和防渗处理。

8.5.3.5 蓄水池应设进水口和溢水口，一般宽 0.4 ~ 0.6 m，深 0.3 ~ 0.4 m。

8.5.4 沉沙池

8.5.4.1 沉沙池布置在蓄水池前 2.0 ~ 3.0 m 的排水沟(渠道)内，排水沟(截水沟)排出的水进入沉沙池沉淀后，再排入蓄水池中。

8.5.4.2 沉沙池分田边沉沙池、骨干沉沙池、连珠式沉沙池三种类型。田边沉沙池主要布设在每块耕地排水口处，骨干沉沙池布设在洪水进蓄水池前的排水沟(渠道)内，与排水沟(渠道)同时修建，连珠式沉沙池布设在下山排水沟(渠)跌水处。

8.5.4.3 沉沙池的具体位置，应根据地形、岩性、蓄水量大小和施工条件确定，可紧靠蓄水池，也可与蓄水池保持一定距离。

8.5.4.4 沉沙池为矩形时，宽度应为排水沟宽度的 2 倍，长度应为池体宽度的 2 倍,深度比沟渠深 1 m 以上，其进、出水口应用块石或混凝土衬砌。

附　表

附表 A　河南省二级类型区(模式)特征表

省级一级类型区		豫黄淮海平原类型区		
省级二级类型区（模式）		山前倾斜平原井渠灌溉类型区（模式）	缓平原灌排类型区（模式）	低洼平原排灌类型区（模式）
特征	耕地利用方式	水浇地	水浇地	水浇地
	田块形状	条田	条田	条田
	农田灌溉方式	自流/井灌	井灌/提灌	自流/提灌
	水源类型	地表蓄水/地下水	引黄水/地下水	地表水
	输水方式	明渠/地埋管/地面移动管	明渠/地埋管/地面移动管	明渠/地埋管/地面移动管
	排水方式	自排	自排/抽排	自排/抽排
	田间路	主道:混凝土 次道:混凝土或泥结石	主道:混凝土 次道:混凝土或泥结石	主道:混凝土 次道:混凝土或泥结石
	生产路	素土压实	素土压实	素土压实
	农田防护类型	农田防护林	农田防护林	农田防护林

续附表 A

省级一级类型区		豫西山地丘陵类型区			豫南山地丘陵类型区	
省级二级类型区(模式)		豫西山地丘陵灌溉类型区（模式）	豫西河谷盆地灌溉类型区（模式）	坡改梯水保旱作类型区（模式）	江淮丘岗冲垄稻田类型区（模式）	江淮河谷平原灌溉类型区（模式）
特征	耕地利用方式	水浇地/旱地	水浇地/旱地	水浇地/旱地	水田	水田
	田块形状	梯田	条田	梯田	梯田/格田	格田
	农田灌溉方式	自流/提灌	自流/井灌	提灌/自流	自流/提灌	自流/提灌/井灌
	水源类型	地表蓄水	地表水/地下水	地表蓄水	地表水/地表蓄水	地表水/地表蓄水
	输水方式	明渠	明渠/地埋管/地面移动管	明渠	明渠	明渠
	排水方式	自排	自排/抽排	自排	自排	自排/抽排
	田间路	主道：混凝土；次道：混凝土或碎石	主道：混凝土；次道：混凝土或碎石	主道：混凝土；次道：混凝土或泥结石	主道：混凝土；次道：混凝土或碎石	主道：混凝土；次道：混凝土或碎石
	生产路	沙石	沙石	土质	沙石	沙石
	农田防护类型	水土保持林	农田防护林/水土保持林	水土保持林	水土保持林	水土保持林/护岸林

附表 B 二级类型区（模式）主要工程内容表

一级类型区	二级类型区（模式）	工程布局重点内容
豫黄淮海平原类型区	山前倾斜平原井渠灌溉类型区（模式）	以农田灌排水设施的更新完善为主，兼顾煤矿塌陷地、矿山挖损地、灾毁地的平整复垦，布置土地平整工程、引水蓄水、灌排水等工程。开发地下水，井灌渠灌相结合；硬化主要田间道路，农田防护与生态环境保护等
	缓平原灌排类型区（模式）	以防旱为主，与排涝、风沙、盐碱地治理相结合，布置土地平整、农田灌排水、道路整修、农田防护等工程。引黄补源，发展节水灌溉。合理利用地表水，适度开采地下水。布置农田防护林网工程，防风固沙
	低洼平原排灌类型区（模式）	充分利用丰富的地表水资源，增修骨干灌溉（引水渠道）工程； 因地制宜实行灌排分流，畅通排水；在部分低洼地段可以改旱作为水作；土壤改良

续附表 B

一级类型区	二级类型区（模式）	工程布局重点内容
豫西山地丘陵类型区	豫西山地丘陵灌溉类型区（模式）	选择土层深厚的缓坡，以梯田修筑工程为主，合理安排梯田修筑和防护、沟道治理、坡面小型蓄排、生态环境保护工程。水源以蓄为主，蓄、引、提、挖、截留相结合。在没有水源的地方发展旱作农业
	豫西河谷盆地灌溉类型区（模式）	以配套或新修渠系、泵站等引水灌溉为主，完善配套灌排水利设施；灌溉水源以地表水为主、地下水为辅；灌溉方式为自流灌溉、提水灌溉和井灌相结合。同时安排平整土地工程；实施有效的排涝治浸工程，改造低洼易涝地和“上浸地”
	坡改梯水保旱作类型区（模式）	修筑梯田，加强治坡工程布局；在没有水源的地方发展旱作农业。有水源条件的地方，布置灌溉工程；水源工程以蓄为主，“蓄、引、提、挖”相结合；排水工程要与农田防护工程相结合，修建排水沟；依地形种植护坡防护林、水土保持林和水源涵养林
豫南山地丘陵类型区	江淮河谷平原灌溉类型区（模式）	南部丘陵坡地或旱地修筑梯田，搞好土地平整和条田建设、加厚土层、修筑石埂或土埂梯田，加强灌溉设施建设；对于冷浸田和烂泥田，完善排水工程；同时增施有机肥、秸秆还田、种植绿肥等耕作培肥，采用半旱式耕作方式，发展水土保持林和水源涵养林
	江淮丘岗冲垄稻田类型区（模式）	北部平原洼地围绕排涝与抗旱设施建设，安排排水与灌溉设施工程；布置有效的排涝工程，改造低洼易涝地。灌溉水源以地表水为主、地下水为辅，充分利用地表水；地表水不足的地方开采地下水。同时安排平整土地工程

附表 C1　山前倾斜平原井渠灌溉类型区(模式)灌溉用水定额

(定额单位：m^3/亩)

作物	灌溉保证率	灌溉定额	灌水定额	备　注
小麦	75%	170	40～45	冬灌、拔节、抽穗、灌浆
	50%	130	40～45	冬灌、拔节、抽穗或灌浆
玉米	75%	100	30～35	拔节、抽雄、灌浆
	50%	70	30～35	抽雄、拔节或灌浆
水稻	75%	760	20～30	水稻泡田 80 m^3/亩
	50%	700	20～30	水稻泡田 80 m^3/亩
花生	75%	90	25～30	开花下针期、结荚
大豆	75%	85	25～30	
棉花	75%	100	25～30	苗期、蕾期、花铃
其他	75%	150	25～30	其他农作物

附表 C2　坡改梯水保旱作类型区(模式)灌溉用水定额

(定额单位：m^3/亩)

作物	灌溉保证率	灌溉定额	灌水定额	备　注
小麦	75%	180	40～50	冬灌、拔节、抽穗、灌浆
	50%	140	40～45	冬灌、拔节、抽穗、灌浆
玉米	75%	140	30～40	抽雄、拔节、灌浆
	50%	110	30～40	抽雄、拔节、灌浆
苹果	75%	140	25～30	
	50%	110	25～30	
其他	75%	230	25～30	其他农作物

附表 C3　豫西山地丘陵灌溉类型区(模式)灌溉用水定额

(定额单位：m^3/亩)

作物	灌溉保证率	灌溉定额	灌水定额	备　注
小麦	75%	140	40～50	冬灌或拔节、抽穗、灌浆
	50%	105	40～50	冬灌或拔节、抽穗或灌浆
玉米	75%	110	30～50	抽雄、拔节或灌浆
棉花	75%	75	30～40	苗期、蕾期、花铃
	50%	55	25～30	苗期或蕾期、花铃
水稻	75%	500	20～30	水稻泡田 80 m^3/亩
	50%	450	20～30	水稻泡田 80 m^3/亩
花生	75%	80	25～30	开花下针期、结荚
烟草	75%	75	25～30	
苹果	75%	140	25～30	
其他	75%	180	25～30	其他农作物

附表 C4　豫西河谷盆地灌溉类型区(模式)灌溉用水定额

(定额单位：m^3/亩)

作物	灌溉保证率	灌溉定额	灌水定额	备　注
小麦	75%	100	30～45	冬灌或拔节、抽穗、灌浆
	50%	70	30～45	冬灌或拔节、抽穗或灌浆
玉米	75%	80	30～40	抽雄、拔节或灌浆
棉花	75%	75	30～40	苗期、蕾期、花铃
	50%	55	25～30	苗期或蕾期、花铃
水稻	75%	500	20～30	水稻泡田 80 m^3/亩
	50%	450	20～30	水稻泡田 80 m^3/亩
花生	75%	80	25～30	开花下针期、结荚
烟草	75%	75	25～30	
其他	75%	130	25～30	其他农作物

附表 C5 缓平原灌排类型区(模式)灌溉用水定额

(定额单位：m^3/亩)

作物	灌溉保证率	灌溉定额	灌水定额	备 注
小麦	75%	130～175	35～45	冬灌、拔节、抽穗、灌浆
	50%	110～135	35～45	冬灌、拔节、抽穗或灌浆
玉米	75%	95	30～35	拔节、抽雄、灌浆
	50%	60	30～35	抽雄、拔节或灌浆
水稻	75%	720～760	20～30	水稻泡田 80 m^3/亩
	50%	660～700	20～30	水稻泡田 80 m^3/亩
花生	75%	90～100	25～30	开花下针期、结荚
大豆	75%	75～85	25～30	
棉花	75%	100～110	25～30	苗期、蕾期、花铃
西瓜	75%	95～100	25～30	
其他	75%	70～170	25～30	其他农作物

附表 C6 低洼平原排灌类型区(模式)灌溉用水定额

(定额单位：m^3/亩)

作物	灌溉保证率	灌溉定额	灌水定额	备 注
小麦	75%	95	35～45	冬灌、拔节、抽穗或灌浆
	50%	60	30～45	拔节、抽穗
水稻	75%	450	20～30	水稻泡田 80 m^3/亩
	50%	350	20～30	水稻泡田 80 m^3/亩
玉米	75%	90	30～35	拔节、抽雄、灌浆
	50%	55	25～35	抽雄、拔节或灌浆
花生	75%	80	20～30	开花下针期、结荚
其他	75%	100	20～30	其他农作物

附表 C7 江淮丘岗冲垄稻田类型区（模式）灌溉用水定额

(定额单位：m^3/亩)

作物	灌溉保证率	灌溉定额	灌水定额	备注
水稻	75%	430	20～30	水稻泡田 80 m^3/亩
	50%	360	20～30	水稻泡田 80 m^3/亩
其他	75%	100	20～30	其他农作物

附表 C8 江淮河谷平原灌溉类型区(模式)灌溉用水定额

(定额单位：m^3/亩)

作物	灌溉保证率	灌溉定额	灌水定额	备注
小麦	75%	95	35～45	冬灌、拔节、抽穗或灌浆
	50%	60	30～45	拔节、抽穗
水稻	75%	450	20～30	水稻泡田 80 m^3/亩
	50%	350	20～30	水稻泡田 80 m^3/亩
玉米	75%	90	30～35	拔节、抽雄、灌浆
	50%	55	25～35	抽雄、拔节或灌浆
花生	75%	80	20～30	开花下针期、结荚
其他	75%	100	20～30	其他农作物

附表 D1 农田灌溉水水质基本控制项目标准值

序号	项目类别		作物		
			水作	旱作	蔬菜
1	五日生化需氧量(mg/L)	≤	60	150	40[a]，15[b]
2	化学需氧量(mg/L)	≤	150	200	100[a]，60[b]
3	悬浮物(mg/L)	≤	150	200	60[a]，15[b]
4	阴离子表面活性剂(mg/L)	≤	5	8	5
5	水温(℃)	≤	35		
6	pH 值	≤	5.5～8.5		
7	全盐量(mg/L)	≤	1 000[c](非盐碱土地区)，2 000[c](盐碱土地区)		
8	氯化物(mg/L)	≤	350		
9	硫化物(mg/L)	≤	1		
10	总汞(mg/L)	≤	0.001		
11	镉(mg/L)	≤	0.001		
12	总砷(mg/L)	≤	0.05	0.1	0.05
13	铬(六价) (mg/L)	≤	0.1		
14	总铅(mg/L)	≤		0.2	
15	类大肠菌群数(个/100mL)	≤	4 000	4 000	2 000[a]，1 000[b]
16	蛔虫卵数(个/L)	≤	2		2[a]，1[b]

注： a．加工烹饪及去皮蔬菜。b.生食类蔬菜、瓜果及草本水果。c.具有一定的水利灌排设施，能保证一定的排水和地下水径流条件的地区，或有一定的淡水起源，能满足冲洗土体中盐分的地区，农田水质灌溉全盐量指标可以适当放宽。

附表 D2　农田灌溉水水质选择性控制项目标准值

序号	项目类别		作物 水作	旱作	蔬菜
1	铜(mg/L)	≤	0.5	1	
2	锌(mg/L)	≤	2		
3	硒(mg/L)	≤	0.02		
4	氟化物(mg/L)	≤	2.0(一般地区)，3.0(高氟区)		
5	氰化物(mg/L)	≤	0.5		
6	石油类(mg/L)	≤	5	10	1
7	挥发酚(mg/L)	≤	1		
8	苯(mg/L)	≤	2.5		
9	三氯乙醛(mg/L)	≤	1	0.5	0.5
10	丙烯醛(mg/L)	≤	0.5		
11	硼(mg/L)	≤	1(对硼敏感作物，如马铃薯、笋瓜、韭菜、洋葱、柑桔等)		
			2(对硼耐受性较强的作物，如小麦、玉米、青椒、小白菜等)		
			3(对硼耐受性强的作物，如水稻、萝卜、油菜、甘兰等)		

本标准用词说明

1. 为便于在执行本标准条文时区别对待，对于要求严格程度不同的用词说明如下。

(1)表示很严格，非这样做不可的用词：

正面词采用“必须”，反面词采用“严禁”；

(2)表示严格，在正常情况下均应这样做的用词：

正面词采用“应”，反面词采用“不应”或“不得”；

(3)表示允许稍有选择，在条件许可时首先应这样做的用词：

正面词采用“宜”，反面词采用“不宜”；

(4)表示有选择，在一定条件下可以这样做的用词采用“可”。

2. 标准中指定应按其他有关标准、规范执行时，写法为：“应符合……的规定”或“应按……执行”。

河南省土地开发整理工程建设标准

条文说明

1　总则

(无)

2　建设目标

2.1　总体目标

土地开发整理工程建设的总体目标是增加有效耕地面积，完善农田基本设施，提高耕地质量和农业综合生产能力，优化土地利用结构，提高农用地集约利用水平，改善农村生产、生活条件和生态环境，促进新农村建设。以上内容充分体现了土地开发整理的实质内涵和基本要求，只有紧紧抓住这一主题，才能科学合理确定土地开发整理工程建设总目标。

2.2　具体目标

2.2.1　增加耕地面积

不同阶段国家、河南省有不同的要求，应根据国家、河南省不同时期的政策要求执行。

2.2.2　建设等级目标

本标准参照农用地分等中利用等别的评价方法进行确定。农用地利用等是在标准耕作制度控制下，以作物的光温(气候)生产潜力为基础，用土地自然质量、土地利用水平进行修正，生成评价指数，并依据评价指数将耕地划分为不同等别(不同地区的耕地等别参照当地农用地分等成果)。建设等级目标为工程实施后耕地最低应达到的等级。

2.2.2.1　土地整理质量目标

土地整理工程的主要对象是已有耕地，通过整理质量应高于原有耕地质量。

2.2.2.2　土地开发质量目标

土地开发质量目标等别为土地开发工程的总体控制目标，其中开发对象为沙地、草地、盐碱地等。

2.2.2.3　土地复垦质量目标

土地复垦质量目标等别为土地复垦工程的总体控制目标，其中复垦对象为工矿废弃地、煤矿塌陷地等。

2.2.2.4　土地等别

土地等别是指农用地分等的土地利用等别。

2.2.2.5　农用地分等指标区

农用地分等指标区是指农用地分等时依据主导因素原则和区域分异原则而划分的最小因素组合区域单元。河南省共划分为 3 个一级指标区，5 个二级指标区，9 个三级指标区。具体见表 2.2.2.5。

表 2.2.2.5　河南省农用地分等指标区范围表

一级指标区	二级指标区	三级指标区	所辖县、市、区	数量(158)
黄淮海区	燕山太行山山前平原区	太行山山地丘陵区	林州市、辉县市、焦作市山阳区、解放区、中站区、马村区、修武县、博爱县、沁阳市、济源市	10
		豫北山前平原区	安阳市(文峰区、北关区、铁西区、郊区)、安阳县、汤阴县、鹤壁市(鹤山区、山城区、郊区)、浚县、淇县、新乡市(红旗区、新华区、北站区、郊区)、新乡县、卫辉市、获嘉县、武陟县、温县、孟州市、洛阳市吉利区、	22
	冀鲁豫低洼平原区	豫东北低洼平原区	南乐县、濮阳市华龙区、清丰县、濮阳县、范县、台前县、内黄县、滑县、长垣县、封丘县、原阳县、延津县、	12
	黄淮平原区	淮北平原区	平顶山市(新华区、卫东区、石龙区、湛河区)、叶县、舞阳县、郾城县、漯河市源汇区、西平县、商水县、项城市、沈丘县、上蔡县、遂平县、平舆县、汝南县、新蔡县、正阳县、驻马店市驿城区、确山县、息县、淮滨县	22
		豫东平原区	郑州市(邙山区、管城区、金水区、二七区、中原区、上街区)、荥阳市、新郑市、中牟县、开封市(龙亭区、顺河区、鼓楼区、南关区、郊区)、开封县、兰考县、杞县、通许县、尉氏县、商丘市(梁园区、睢阳区)、虞城县、民权县、宁陵县、睢县、夏邑县、柘城县、永城市、周口市川汇区、扶沟县、西华县、太康县、鹿邑县、郸城县、淮阳县、许昌市魏都区、长葛市、鄢陵县、许昌县、襄城县、临颍县	41

续表 2.2.2.5

一级指标区	二级指标区	三级指标区	所辖县、市、区	数量(158)
长江中下游区	鄂豫皖丘陵山地区	淮南山地丘陵区	信阳市(狮河区、平桥区)、固始县、潢川县、罗山县、光山县、商城县、新县、桐柏县	9
		南阳盆地区	泌阳县、舞钢市、唐河县、社旗县、方城县、新野县、南阳市(卧龙区、宛城区)、邓州市、镇平县、淅川县、西峡县、内乡县、南召县	14
黄土高原区	豫西山地丘陵区	豫西山区	卢氏县、栾川县、灵宝市、洛宁县、嵩县	5
		豫西黄土丘陵区	三门峡市湖滨区、义马市、陕县、渑池县、洛阳市(涧西区、西工区、廛河区、老城区、洛龙区)、新安县、孟津县、偃师市、伊川县、汝阳县、宜阳县、巩义市、登封市、新密市、禹州市、郏县、宝丰县、鲁山县、汝州市	23

2.2.3 农田水利(水保)工程建设

根据河南省情况,影响粮食主产区粮食生产的主要因素是旱、涝灾害和水土流失。为此，在土地开发整理工程建设中应把搞好农田水利(水保)工程建设作为主要目标，通过合理配置灌排系统，更新和改造老化设备，完善田间工程配套，提高农田抗御旱、涝、渍灾害及防治水土流失能力，建设旱涝保收的基本农田。

2.2.4 完善田间道路系统

交通是促进社会经济发展的重要条件，也反映一个地区社会经济的发达程度。土地开发整理道路建设以田间道路为主，重点考虑项目区内生产、生活的方便程度和道路建设、维修的经济性。完善田间道路目标包含两个方面，一是道路系统：包括路网密度、道路间距、宽度等；二是道路材料：面层垫层的材料。

2.2.5 改善生态环境

保护环境是我国的基本国策，是影响当代乃至后代生存和发展的重大问题。土地开发整理工程应做到在保护环境的前提下进行开发整理，在开发整理中满足保护环境的要求。本标准把保护和改善生态环境作为重要的具体目标。

2.2.6 其他目标

土地开发整理项目面积较大,必然会涉及到农村居民点问题，应按照社会主义新农村建设的相关要求，合理调整居民点布局。一方面提高居民生活质量，改善生态环境，另一方面，改善项目区的生产条件，充分发挥项目区的综合效益。

同时，土地开发整理要保障土地产权主体的合法权益，工程建设中，要处理好工程占地的权属调整，明确新增耕地所有权和使用权。

3 建设条件

3.1 合法性

项目的合法性是土地开发整理项目立项和建设的前提条件，除必须符合国家有关法律、法规的规定外，还应符合以下三方面的条件。

(1)要符合包括土地、水利、交通、环保、建设等相关部门、行业的规定、规程和规范。

(2)必须符合上位规划，即土地利用总体规划、土地开发整理规划和基本农田保护规划。土地开发整理项目建设必须以上述规划为指导，并满足其对土地开发整理项目的要求。同时，要与相关规划，包括城镇规划，村庄规划，林业、水利、环保等专项规划相衔接、协调，避免相互矛盾。

(3)主要的禁止性区域应根据政府有关部门划定的区域为准。自然保护区、森林公园、地质公园(核心区域)、行洪蓄洪区、风景名胜区、自然及文化遗产保护区等生态敏感区是特殊的地区，在这些地区保护生态环境是首位的任务，可以在保护中改造，在改造中加强保护，以适应人类生存发展的需要。在这些地区内进行土地开发整理项目，需经有关主管部门审批，开发整理行为要符合相关规定要求。

本标准合法性的规定，要求在编制土地开发整理项目可行性研究报告，制定土地开发整理工程实施方案时，应充分了解相关法律、法规、政策以及部门专项规划的要求，避免产生矛盾和冲突，维护法律、法规、政策的严肃性和各项规划的权威性。

3.2 基础设施

基础设施包括道路、水源、能源等方面，是实施土地开发整理项目建设重要的前提条件，只有具备这些条件才能经济、合理地进行建设。由于土地开发整理工程建设以小型、配套、更新改造现有设施为主，通过田间工程配套提高灌溉、排涝、防洪标准，建设旱涝保收、高产稳产农田。因此，项目区的建设条件要求有一定的农田水利、交通等基础设施，便于土地开发整理后农业综合生产能力的提高。本标准从河南省的现状实际调查情况出发，规定了水利、交通、电力等多方面的要求。

3.2.1 项目区内或附近有满足设计要求的地表水和地下水可利用水源；同时有充足的承泄区及必要的排水渠道等。

3.2.2 项目区应有较好的主干道路，对外交通有一定的基础，以便大型工程机械和车辆的建设进入。

3.2.3 项目区附近必须有充足的电力容量，以保证水电配套后的农业用电，并与电力部门协调用电容量。

3.3 水土资源

地形、地貌、土壤、水文、气候等自然条件能否满足土地开发整理工程建设的要求，是土地开发整理项目立项首先考虑的问题。因此，在土地开发整理项目的可行性研究和规划设计时，要充分了解、研究项目区的地形、地貌等自然条件，水文、土壤、气候等资源状况对工程建设的保障程度，使土地开发整理项目的实施方案科学合理，更加符合当地实际。同时，要挖掘项目区的资源优势和潜力，避开水资源条件的不利因素，使土地开发整理工程建设与自然条件、水土资源状况相适应、相协调，确保土地开发整理项目顺利实施和项目区水土资源的可持续利用。

3.3.1 项目区应尽量选在地形相对平坦的区域，地势起伏不宜过大，坡度大于 25°的不能进行土地开发整理活动；土地适宜性评价结果应适宜耕地。

3.3.2 在所有的自然条件中，水资源是主要的自然资源条件，尤其河南省北部是缺水地区，地下水漏斗面积较大。在漏斗和丘陵山地类型区，水资源更是影响土地开发整理工程的关键因素。因此，本标准把水源量、水质、水资源平衡和丘陵山区的零星湿地作为重要的建设条件。

3.4 其他条件

3.4.1 当地政府部门对土地开发整理项目的重视和支持程度、群众参与的积极性，对土地开发整理项目建设起着重要的保障作用。因此，只有当地政府在现有经济条件的基础上挖掘潜力，充分利用现有财力、物力、劳力资源，支持土地开发整理项目建设，并加强宣传引导，提高广大干部和群众对土地开发整理工作的思想认识，调动他们的主动性和积极性的前提条件下，才能营造良好的社会氛围，才能确保土地开发整理工程的实施和工程能效的发挥。

3.4.2 土地开发整理工程建设实施后，被整理的土地可能存在权属调整问题。因此在土地开发整理工程实施前，应明确项目区土地的权属关系。同时，还应制定整理后土地权属的调整方案，避免产生新的土地权属纠纷。

3.4.3 土地开发整理新增耕地面积不同阶段国家或地方有不同的要求，应根据国家或地方不同时期的政策要求执行。项目建设规模和布局要适当集中连片，有利于项目发挥规模效益和整体效果的显现。

3.4.5 河南省共划分出 9 个较大的限制区，见表 3.4.5。

表 3.4.5 河南省土地开发整理项目选择的限制区

序号	区域名称	地理位置及面积	主要限制因素或措施
1	新安鹤水源涵养功能区	安阳、新乡、鹤壁交界处的低山区，面积约 1 651.1 km^2	天然泉群补水源地，水源涵养
2	林州市山间盆地水土保持农业功能区	林州市西部山间盆地区，面积约 320.8 km^2	水土流失严重
3	义新渑矿产开发生态恢复农业生态功能区	义马、新安的西部、渑池的中部、陕县东部的一部分地区，面积约 984.4 km^2	水土流失严重
4	小秦岭崤山水源涵养与水土保持功能区	灵宝大部、卢氏北部、陕县大部及洛宁北部等崤山海拔 500m 以上的区域；小秦岭海拔 500~1 000 m 的区域，面积 7 889.8 km^2	水源涵养和水土保持
5	洛嵩栾水源涵养与水土保持功能区	熊耳山、伏牛山和外方山海拔 500~1 000 m 的区域，洛宁、嵩县、栾川，面积约 4 545.8 km^2	生物多样性保护区域外围区，水源涵养地
6	西峡内乡水源涵养与水土保持功能区	西峡、南召以及内乡、镇平北部，卢氏南部，中山、低山丘陵区，面积约 11 181.5 km^2	生物多样性保护外围区，为老灌河等的源头区；水源涵养和水土保持
7	鲁山汝州水源涵养与水土保持生态功能区	鲁山、汝州及宝丰西部，面积 4 054.6 km^2	沙河源头区，有昭平台水库；水源涵养和水土保持
8	桐柏山水源涵养及水土保持功能区	桐柏县的大河镇、朱庄、泌阳县的马谷田镇、铜山乡、王店乡、竹沟镇、黄山口乡、瓦岗乡，面积约 7 565.8 km^2	淮河源头区，生物多样性保护，水源涵养
9	大别山水源涵养及水土保持功能区	豫南信阳地区，海拔高度一般在 100~200 m 的低山丘陵区，面积约 4 159.1 km^2	位于生物多样性保护区的外围区；水源涵养，水土保持

3.4.6 项目申报的综合评价是一项复杂细致的系统工作，其评价指标体系及其权重见表 3.4.6。

表 3.4.6 土地开发整理项目选择评价的因素因子及其权重

		因素	权重	因子	权重	权重总排序
土地开发整理项目选择条件	项目所在区域条件	社会经济条件	0.121 4	单位土地面积收入(X_1)	0.342 7	0.041 6
				人均收入(X_2)	0.322 8	0.039 2
				人均耕地(X_3)	0.334 5	0.040 6
		基础设施条件	0.128 6	电力设施(X_4)	0.242 5	0.031 2
				排水设施(X_5)	0.261 8	0.033 7
				道路条件(X_6)	0.216 4	0.027 8
				水资源保障(X_7)	0.279 3	0.035 9
		自然条件	0.190 3	地形坡度(X_8)	0.351 8	0.066 9
				水质条件(X_9)	0.310 9	0.059 2
				土地适宜性(X_{10})	0.337 3	0.064 2
	项目自身条件	项目规模	0.129 7	总规模(X_{11})	0.304 7	0.039 5
				单片规模(X_{12})	0.361 9	0.046 9
				项目片数(X_{13})	0.333 4	0.043 2
		增加产出能力	0.151 2	新增耕地数量潜力(X_{14})	0.504 2	0.076 2
				提高耕地质量潜力(X_{15})	0.495 8	0.075 0
		项目投入产出	0.147 4	项目投资密度(X_{16})	0.524 3	0.077 3
				项目投资回收周期(X_{17})	0.475 7	0.070 1
	国家政策倾斜		0.131 4	基本农田保护示范县(X_{18})	0.429 8	0.056 5
				优质粮食工程县(X_{19})	0.420 2	0.055 2
				国家级贫困县(X_{20})	0.150 0	0.019 7

3.4.7 土地开发整理项目选择的优先区域主要根据各地的自然条件、社会经济条件、土地开发整理潜力、国家或地区的相关政策等，对全省区域范围内需要进行土地开发整理的地区进行优先级别的划分。

优先区划分的影响因素包括农用地等别、增加耕地数量潜力、提高耕地质量潜力、国家的相关政策等。根据影响土地开发整理项目的因素因子，将河南省的优先区分为3级。见表3.4.7。

表3.4.7 土地开发整理项目优先区及其级别划分

级别	县(市、区)	数量
一级	浚县 滑县 长垣县 封丘县 原阳县 武陟县 兰考县 开封县 偃师市 民权县 杞县 禹州市 宁陵县 睢县 夏邑县 永城市 虞城县 柘城县 扶沟县 鄢陵县 襄城县 临颍县 西华县 淮阳县 郸城县 沈丘县 舞阳县 西平县 郾城县 上蔡县 南阳市、方城县 社旗县 唐河县 新野县 邓州市 平舆县 新蔡县 淮滨县 潢川县 固始县	41
二级	南乐县 清丰县 内黄县 汤阴县 台前县 范县 濮阳县 辉县市 获嘉县 新乡市 新乡县 延津县 沁阳市 温县 孟州市 巩义市 洛阳市 宜阳县 嵩县 伊川县 中牟县 新郑市 开封市 尉氏县 通许县 长葛市 许昌市 许昌县 睢阳区 周口市 太康县 鹿邑 郏县 叶县 鲁山县 镇平县 商水县 项城市 驻马店市、泌阳县 遂平县 汝南县 确山县 正阳县 息县 平桥区 罗山县 光山县	48
三级	安阳县 安阳市 林州市 濮阳市 鹤山区 山城区 淇县 卫辉市 中站区 马村区 修武县 博爱县 上街区 郑州市 新密市 荥阳市 新密市 登封市 汝州市 汝阳县 平顶山市 石龙区 宝丰县 吉利区 孟津县 新安县 三门峡市 义马市 渑池县 陕县 灵宝市 洛宁县 卢氏县 栾川县 西峡县 淅川县 内乡县 南召县 舞钢市 桐柏县 浉河区 新县 商城县 济源市	44

4 类型区和工程布局

4.1 类型区

(1)工程类型区的概念。

类型是具有共同特征的事物所形成的种类。区是指区域或地域。类型区是指具有共同特征的事物所形成的种类在空间上分布相对集中的区域或地域，是类型和区域的结合体。

土地开发整理工程类型区的定义与一般的行政区、地貌类型区或者是相关的土地开发整理规划分区均有本质的区别，它是集成了社会环境、经济环境、自然环境与技术环境等多方面要素的特殊区域，它是体现土地开发整理地域差异和工程组合特征的单元。

传统区划(分区)的方法，是以地域特征的地理分布为基础，将单一要素或是具有共性的多项要素组合为单元，划分出有固定分布范围，有清晰的地理边界，由特定的界线如行政界线，其他的自然要素方面的温度，雨量、高程等值线，分水岭界线等，构成彼此互不交替、互不重叠，相互衔接的封闭区域。

土地开发整理项目，虽然其建设目标和内容也明显地受地域条件的制约，但因为它是一个独立的工程建设项目，单纯宏观上区域定性的深度是不满足项目立项选择、项目评估、工程设计、项目实施管理等方面的要求，必须在微观上提供区域性的类型要素如微地貌特征，区域地质条件，水源类型等为项目立项的前期工作、项目实施等环节提供具有可操作性的技术支撑，包括规范化的方法和标准，重要技术参数的筛选。

土地开发整理工程类型区是按照土地开发整理建设目标、工程内容、工程组合地域特征相似性原则，划定的体现土地开发整理地域差异和工程组合特征的单元，它综合考虑影响工程修建的自然与地理条件、经济与行政制度等社会因素、影响农业生产的气候、土壤等生态条件因素等，对涉及工程系统的各种内外机制和经济发展现状与潜力进行空间分割。

土地开发整理工程类型区从区域的整体观念出发，把特定的区域划分为若干不同层次、各具特点的功能单元，其实质是对区域生态、经济、技术因素在空间状态的分类。

(2)工程类型区划分的原则。

①自然条件相似性原则。自然条件是土地潜力发挥的基础条件，决定了土地的开发利用特点，影响到土地开发整理工程措施的实施条件及实施效益。因此，工程类型区内地形地貌、土壤、光温、降水、自然灾害等自然条件要求基本相似，以确保工程措施在类型区内具有统一性和针对性。

②主要限制因素相似性原则。限制因素是指对农作物生长产生不利甚至制约作用的因素，具体包括影响农业生产的土壤、自然条件、水利设施以及人为污染等因素。土地开发整理工程建设目的旨在改善农作物生长条件，减弱限制因素的不利影响，提高粮食生产能力，因此，工程类型区的划分应遵循区内限制因素基本相似的原则，从而确保工程模式和工程措施具有针对性。

③土地开发整理工程模式相似性原则。土地开发整理工程类型区的划分应在充分研究区域特性的前提下，结合工程内容、工程实施条件以及工程目标，明确不同区域土地开发整理工程内容的差异，并以此为基础，从而促进土地开发整理工程措施设计的统一性和实施的有效性。

(3)工程类型区划分的依据。

①国土资源部《关于开展〈土地开发整理工程建设标准〉编

制试点工作的通知》(国土资厅发[2005]120 号)及其编制指南。

②河南省地形地貌、土壤、水文、气候、农业区划等自然、社会经济条件相关资料。

③与土地整理类型区划分有关的其他行业的分区分类成果，如河南省地貌区划、农业气候区划、土壤区划、综合自然区划、农业区划、水利区划、灌区分布等区划成果。

④河南省土地开发整理规划确定的分区和重点区域、重点工程规划。

(4)类型区命名规则。

一级类型区：代表性地域名称+地形地貌(或其他主要地域特征)名称+类型区。

二级类型区(模式)：土地开发整理工程措施组合特征(一、二个)+模式。

(5)工程类型区划分方法。

土地开发整理工程类型区是以土地开发整理工程特性为基础，按照全省地形地貌、地质、水文、土壤等自然条件划分具有一定相似性和统一性的空间区域。

类型区划分采用演绎和归纳相结合、分层划分的方法，在收集整理宏观资料基础上通过由上而下的演绎和由下而上的归纳，最后形成全省的类型区框架体系。

为了保证类型区内部自然条件、经济社会条件以及工程模式的相似性，采用两级区划的模式进行工程类型区的划分。首先根据全省地形、地貌、气候等自然条件的区域差异，采用图层叠加的方法，划分土地开发整理工程一级类型区。一级类型区基本保证了地形、地貌、气候以及农业耕作制度在类型区内的相似性。

土地开发整理工程建设内容、建设模式及措施特性因区域地貌、水系分布、土壤条件的不同而存在差异，而一级类型区仅从宏观角度上进行了空间区域的划分，还不能准确描述类型区内土地开发整理工程建设特性及工程模式类型。因此，为了进一步反映土地开发整理工程特性，根据每个一级类型区内的土壤、地貌、水文等自然条件的区内差异，结合土地开发整理工程措施特性，划分土地开发整理工程二级类型区(工程模式)。二级类型区(工程模式)内土壤特性、地貌特征、工程模式具有较高的相似性。

4.1.1 一级类型区

(1)一级类型区划分的主要指标。

一级类型区划分的主要指标是气候湿润指标和地貌形态类型。

湿润系数是表示气候湿润程度的指标。它是干燥度的倒数。用地面水分的收入量与支出量的比值表示。湿润系数 K，降水量 P，蒸发量 E，即 $K=P/E$，$P \geq E$，表明水分收入≥支出，属于湿润状况；$P<E$，说明水分入不敷出，属于半湿润半干旱状况。一地的年降水量反映该地的水分收入状况，蒸发量反映水分支出状况，某地是湿润还是干旱，取决于该地蒸发量与降水量的对比关系。

河南省气候区划把 $K<0.7$ 区域定为半干旱地带，把 $K=0.7\sim1.0$ 区域定为半湿润地带，把 $K>1.0$ 区域定为湿润地带。

地貌形态类型是根据一定原则对地表起伏形态划分的类型，一般采用形态分类和成因分类相结合的分类方法。地貌形态类型指根据地表形态划分的地貌类型。目前世界各地的形态分类并不统一。我国的陆地地貌习惯上划分为平原、丘陵、山地、高原和盆地五大形态类型。

(2)一级工程类型区划分。

以河南省最新各种资料为基础，突破行政区划和某些特定的区域界线，用区域要素与类型特征结合类型区的概念来确定本省分区类型。每个类型区有一定的地理分布范围，但不是一个由某个特定边界划分的封闭区域，只是某个特定类型地理位置的界定。

一级类型区基本按国土资源部统一的一级分区类型进行分区，按照自然条件相似性原则，依据气候干湿度和大地貌形态的相似性，以及农业发展方向的大体相似性，最终将全省划分为3个一级类型区，即黄淮海平原类型区、豫西山地丘陵类型区和豫南山地丘陵类型区，见表4.1.1。

表4.1.1　河南省一级类型区划分表

<table>
<tr><td colspan="2">国家一级类型区</td><td>B 华北平原类型区</td><td>C 北方山地丘陵类型区</td><td>G 南方山地丘陵类型区</td></tr>
<tr><td colspan="2">国家二级类型区</td><td>B2 冲积平原区</td><td>C1 沙石山基岩侵蚀类型区</td><td>G1 丘陵类型区</td></tr>
<tr><td colspan="2">省级一级类型区</td><td>豫黄淮海平原类型区</td><td>豫西山地丘陵类型区</td><td>豫南山地丘陵类型区</td></tr>
<tr><td rowspan="2">划分的主要依据及指标</td><td>湿润指标</td><td>半湿润、半干旱地区</td><td>半干旱、半湿润地区</td><td>湿润地区</td></tr>
<tr><td>地貌形态</td><td>平原</td><td>山地丘陵</td><td>山地丘陵</td></tr>
</table>

黄淮海平原类型区。它指淮河以北广大的东部平原地区，本区地貌类型以山前倾斜平原、黄河冲积平原和淮河冲积湖积平原为主。海拔高度一般在40～200 m，该区年均气温14.0℃，年均降水量600～950 mm；年均蒸发量约1 500～2 300 mm。土壤主要为褐土和潮土，其次为砂姜黑土和风沙土等。全区地势平坦，土层深厚，为河南省乃至国家重要的粮食生产基地之一。

豫西山地丘陵类型区。豫西山地丘陵类型区位于河南省的西部和西北部，其北部是山西高原上升和华北平原下降的边缘，该区西与陕西、山西接壤，西南部与湖北相邻。区内主要有太行山、小秦岭、崤山、外方山、伏牛山和嵩山，海拔高度一般在1 000～2 000 m，部分山峰海拔高度超过2 000 m，该区域是秦岭山脉西部的延伸。

主要山脉分支之间有相对独立的水系分布，山脉与水系相间排列，较大河流与一些山间盆地相连。该区年均气温 13.0℃，年均降水量 500～1 000 mm；年均蒸发量 1 600～2 200 mm。日照时数 1 495～2 217 小时，太阳辐射量 108.83～120.186 千卡/cm^2。区域内山地、丘陵、盆地均有，特殊地貌类型有黄土地貌和岩溶地貌。主要土壤类型有棕壤、褐土、红黏土、黄棕壤、黄褐土、砂姜黑土。该区北部为豫西洛阳—三门峡一线的黄土丘陵和豫北的山地丘陵；中部以小秦岭、崤山、熊耳山、伏牛山和外方山等较大的山脉组成豫西山地；南部为南阳盆地。

豫南山地丘陵类型区。该区位于淮河以南地区，属于大别山、桐柏山北坡，南部与湖北省相邻。区域范围包括南阳市的桐柏县和信阳市的淮河以南区域。全区地处北亚热带，有明显的过渡特点。区域地貌总的趋势是自西向东倾斜，自桐柏大别山山脉主脊向北地势逐渐降低，由低山、丘陵过渡为山前洪积倾斜平原。该区属于北亚热带湿润季风气候区，年均日照时数 1 990～2 173 小时，年均气温 15.3℃，相对湿度 75%～80%，无霜期 217～228 天，年太阳辐射总量 112.7～121.7 千卡/cm^2，全年平均降水天数 102～129 天，降水量在 900～1 300 mm，降水量年变率在 14%～20%。年蒸发量 1 355～1 500 mm，区域水资源充足。全区地带性土壤为黄棕壤，土壤类型有黄褐土、棕壤、紫色土、红黏土、石质土、粗骨土、潮土、水稻土等，区域内以水稻土分布最多。动植物资源丰富，具有北亚热带的显著特征。

4.1.2 二级类型区(模式)

(1)二级类型区(模式)的概念。

二级类型区(模式)是为实现土地开发整理目标而确立的各项工程的组合方案。

(2)二级类型区(模式)划分的主要指标。

二级类型区(模式)划分的主要指标是微地貌形态类型、年平均气温、年平均降水、主要限制性因子。

微地貌形态类型是在一级地貌类型之下细分的地貌形态，如平原分为倾斜平原、低洼平原、冲积平原、湖积平原、盆地等；山地丘陵细分为中山丘陵、低山丘陵、黄土丘陵等。

年平均气温和年平均降水是表示水分和温度的主要气候指标。

主要限制性因子是指农作物正常生长受到的主要障碍因素，也是土地开发着整理的主要工程措施。

(3)二级类型区(模式)划分。

分析土地开发整理工程二级类型区的自然条件和限制性因素，根据不同类型工程的建设方式、建设特点以及对土地利用的改良方向和优化效果，归纳总结全省范围内土地开发整理工程模式的类型，从田块形式、水源类型、灌溉方式、排水方式、路面特征、防护林类型等方面明确不同模式的工程组合形式。划分结果见表 4.1.2。

4.1.3 关于土地开发整理类型区与农用地分等指标区的区别与使用

土地开发整理工程类型区是以土地开发整理工程特性为基础，按照地形地貌、地质、水文、土壤等自然条件划分具有一定相似性和统一性的空间区域，是体现土地开发整理地域差异和工程组合特征的单元。

而农用地分等因素指标区是对分等区域内决定农用地自然质量的各种因素和因素组合，依据主导因素原则和区域分异原则划分的空间区域，同一指标区内分等因素是相同的。

二者具有一定相似性，土地开发整理工程一级类型区与农用地分等因素指标区都是对区域的划分，在空间上是不重复的。但二级类型区（模式）实际是类型的概念，它在空间上是可以重复出现的，它与农用地分等因素指标区不是完全对应的。

在选择土地开发整理项目时要依据项目选择条件在一级类型区(或农用地分等因素指标区)中确定。

设计土地开发整理工程建设提高耕地质量等级目标时，要根据项目所在的农用地分等因素指标区来确定。

在进行土地开发整理项目工程规划设计时要按照二级类型区（模式）提出的工程建设标准进行。

4.2 工程布局

4.2.1 总体布局

4.2.1.1 原则

(1) 经济发展需要和社会需求相结合，有利于建设目标实现的原则;

土地开发整理工程要积极引进和使用新技术、新方法和新材料，但同时不能脱离实际，不但要考虑工程成本，而且要考虑新技术、新方法和新材料的引进和使用成本，还有当地群众的接受能力和程度，以及习惯，即布局的工程要有利于建设目标的实现。否则，布局的工程将难以有效的落实。

(2)工程技术可行、经济合理、突出重点的原则;

各二级工程类型区的地貌特征、土壤类型、水资源状况、气候条件、农业发展主导方向、经济发展水平和土地利用问题有很大差别，致使土地开发整理工程布局和工程组合模式也不尽相同。因此，各类型区的土地开发整理工程建设，要围绕农业发展主导方向，粮、棉、油生产基地建设要求，按“因地制宜、突出重点，

表 4.1.2　河南省一级类型区与二级类型区对照表

国家二级类型区	B2 冲积平原区			C1 沙石山基岩侵蚀类型区			G1 丘陵类型区	
省级一级类型区	豫黄淮海平原类型区			豫西山地丘陵类型区			豫南山地丘陵类型区	
主体地域特征	地形平坦，土壤深厚，气候属于半湿润半干旱地区			地形起伏较大，降水较少，属于半干旱地区			地形有一定起伏，气候属北亚热带，温暖湿润	
主导限制因素	干旱缺水，旱涝频繁、盐碱、风沙、低洼易涝			山高坡陡、地形破碎、水源缺乏、水土流失严重、土壤黏重			土壤黏重、冷浸田和烂泥田多	
土地开发整理工程重点和方向	平整土地；发展引水蓄水工程，适度开发地下水，井灌渠灌结合，防旱与排涝并举			修筑梯田、搞好水土保持；水利工程以蓄为主，蓄、引、提、挖相结合等方式开辟水源			修筑梯田搞好土地平整；改造和建立冲田的专一排灌系统；改造冷浸田和烂泥田	
省级二级类型区(模式)	山前倾斜平原井渠灌溉类型区（模式）	缓平原灌排类型区(模式）	低洼平原排灌类型区（模式）	豫西山地丘陵灌溉类型区（模式）	豫西河谷盆地灌溉类型区（模式）	坡改梯水保旱作类型区（模式）	江淮丘岗冲垄稻田类型区（模式）	江淮河谷平原灌溉类型区（模式）

续表 4.1.2

土地开发整理工程措施组合方案	着重提高农田基本建设标准，进行灌溉、排水、土地平整、农田防护、配肥地力、土壤改良等技术措施	防旱与排涝并举，引黄补源，在地下水较丰富的区域，发展井灌；平整土地、改造风沙、盐碱地；低洼地区预防土壤的次生盐渍化；完善田间道路工程和林网工程	以排水为主、疏浚河道，增修骨干排灌工程，完善田间排灌系统在部分低洼地段可以改旱作为水作改良培肥土壤	整治丘陵坡耕地，在缓坡地段修筑梯田，大力种植水土保持林和水源涵养林，水利工程以蓄为主，形成完整的坡面灌排体系	以引水灌溉为主，完善堤防、塘堰、渠系、泵站等引水和蓄水工程。平整土地，改良土壤，改造低洼易涝地和“上浸地”	修筑梯田、搞好水土保持；水利工程以蓄为主，采用蓄引提相结合；在缺少水源的地方发展旱作农业	改造冲田的排灌系统，合并零星地块，扩大田块规模，并与骨干灌排工程衔接配套；改造冷浸田和烂泥田。	垄岗部位要深翻改土、平整土地、发展灌溉；沿淮平原洼地要加强排涝设施建设，排涝降渍，有条地方实行“旱改水”
典型县级行政区	安阳县、汤阴县、淇县、卫辉市、获嘉县、孟州、温县、武陟等	安阳市、新乡市东部、濮阳市域郑州市区以东，开封市域、商丘市区域、周口市域沙颍河以北、许昌市域东部	沙颍河以南，淮河以北，包括沈丘县、项城市、商水县、驻马店市域中东部	林州市、卫辉市、焦作、济源市北部、西部三门峡市大部、洛阳市的西部和西南部，平顶山市的西部，南阳市的西北部	典型县有洛宁县、宜阳县、方城县、社旗县、唐河县、桐柏县北部、泌阳县、确山县西部等	巩义市偃师、新安、孟津、湖滨区、义马市、渑池县、陕县北部、灵宝北部	桐柏县南部、浉河区、平桥区、罗山县南部、光山县、固始县、商城县、新县	罗山县、光山县、固始县北部、潢川县、息县和淮滨县淮河以南部分

合理配套、有机组合”的原则进行布置。

(3) 改善生态与环境，提高土地生产力、体现可持续发展的原则；

按照节水、节土、方田化、梯田化的总体思路，根据各不同工程类型区的特点，结合县级土地利用总体规划、农业规划、水利规划和交通规划等，统一考虑，综合安排。在实施工程技术措施的同时，对生态环境起到保护与改善的作用。要围绕解决或缓解土地利用问题,实现耕地数量和质量动态平衡，以及水土资源的可持续利用和社会经济的可持续发展进行安排。

(4)体现综合整治的原则

总体布局把土地平整、灌溉与排水、田间道路、农田防护与生态环境保持和新农村建设、工程建设等有机的结合起来考虑，“田、水、路、林、村”综合整治，全面规划，合理安排，达到综合治理的目的。

4.2.1.2 要求

总体布局围绕工程体系的一级项目，分别提出土地平整、灌溉与排水、田间道路、农田防护与生态环境保持等各单项工程的布局要求。

依据工程类型区的特点和工程模式综合特征，以及增加有效耕地面积、提高耕地质量、实现土地的可持续利用的要求，合理安排土地平整、灌溉与排水、田间道路、农田防护与生态环境保持工程。

（1）豫黄淮海平原类型区

针对耕地面积大，水资源短缺，地形洼地多，风沙危害严重等突出问题，以加强农田基本建设为重点，合理布置土地平整、灌溉与排水、田间道路、盐碱风沙治理等工程。

（2）豫西山地丘陵类型区

针对本区地形复杂，坡陡土薄，干旱缺水，水土流失严重等问题，以控制水土流失、改善和保护生态环境为主，因地制宜布置梯田修筑、梯田防护、沟道治理和坡面小型蓄排工程。

（3）豫南山地丘陵类型区

针对该区地形破碎，降水量大，沿河低洼处多洪涝灾害；垄岗区易发生干旱；全区土壤过于粘重、冷浸田和烂泥田多等问题，应把土壤改良、土地平整、排涝等工程作为重点。宜在丘岗坡地修筑梯田，布置灌溉工程；对于渍涝潜育型冷浸田和烂泥田，完善排水工程；发展水土保持林和水源涵养林，减轻山区洪水的危害。

4.2.2 分区布局

主要工程分区布局见附表 B。

5 土地平整工程

5.1 一般规定

5.1.1 以增加耕地面积和提高耕地质量为主要目标是土地开发整理中的土地平整工程区别于其他基本建设中的场地平整工程的主要特征。其主要工作内容不仅仅是简单的土方挖填平整，还需要根据地形地貌等自然条件确定土地平整工程类型，结合灌排沟渠、道路、林网布局，考虑机耕和田间灌水方法的要求进行耕作田块建设，还要在平整过程中采取合理的地力保持措施以保证土地开发整理后的耕地质量。

5.1.2 土地平整的范围与《土地开发整理项目规划设计规范》(TD/T 1012—2000)中相关规定一致。通过土地平整，结合沟、渠、路规划以及地块规整和重划，增加有效耕地面积。

5.1.3 为达到保水、保土、保肥的目的，必须通过技术措施建设标准化的条田、梯田、格田，使田块规整，同时方便耕作。通过土地平整，方便机械化耕作，改善农业生产条件，加快农业的现代化进程。

5.1.4 土地平整应尽量避免土方量的运出和运入，从而减少工程投资。

5.1.5 在田块规划和建设中应当尽量保持行政乡、村农田原有权属的完整性，减少不必要的土地纠纷。同一个村、同一个乡的土地尽可能地集中在一块，尽可能沿道路、渠系、整理区明显标志性建筑物和耕作田块边界划分界线，避免割裂田块。同时还应尽量满足稳定农村土地家庭联产承包责任制的要求，尽可能使同一户居民的土地尽量集中在同一块农田，方便土地经营管理和作业，促进土地的集约利用和规模经营。

5.1.6 土地平整后末级沟渠之间田块的高程要依沟渠的走势，总的势态上从高到低变化。相邻田块之间的高差尽可能小，以免增加渠道连接建筑物，对于丘陵地形，还可以减少土方工程量，从而减少工程投资。

5.1.7 田面坡度应根据地形条件、土壤质地、耕地类型和灌水方法等因素确定。

5.2 耕作田块修筑工程

5.2.1 条田

5.2.1.1 条田

条田是由末级田间工程设施，如渠道、林带、道路等所围成的地块，是田间作业和农田建设的基本单元。条田的要素，如方向、长度、宽度、形状等的合理程度，直接与光热水资源利用和作物生长、灌溉均匀度和排水畅通度、机械耕作和人工作业的方便性、农田防护和农田安全有关。因此，提出合理确定条田各要素的具体标准、指标，对土地平整具有极其重要的作用。

本标准有关表述条田方向、形状、长度、宽度以及田面高程、坡度、平整度等的条文，是参照《土地开发整理项目规划设计规范》(TD/T 1012—2000)和《灌溉与排水工程设计规范》(GB 50288—99)第八章有关田间工程的内容，结合河南省各工程类型区的水资源条件、水文地质条件、灌排条件、耕地类型和作物种植结构等实际因素拟定。

(1)田块方向：在与灌溉水源、沟渠、田间道路不冲突的情况下，耕作田块方向的布置应保障耕作田块长边方向受光照时间最长，受光热量最大。条田方向选择的合理与否，将长期影响田块的日照、灌排、田间作业、防风以及下地距离远近。

(2)田块形状：田块形状直接影响到机械作业的效率及田间生产管理。耕作田块形状应当有利于机械作业的高效运行，尽量减少机械作业当中所产生的漏耕与重耕，有利于田间生产管理。在条件许可的前提下，田块的形状要力求规整，以长方形为最佳，其次为正方形、梯形，避免不规则的三角形和多边形，长宽比以不小于4∶1为宜。耕作地块的边界还应结合现有沟、渠、路、林及其他自然界线，不能机械划分，做到既不影响机械作业，又不浪费土地。

(3)田块长、宽：田块的长度不仅关系到机械作业效率的发挥、田块平整工程量的大小，还影响到灌溉和排水的通畅程度，需根据地形条件、机械化程度、灌溉排水要求等因素加以综合权衡确定。田块宽度的确定必须综合考虑末级固定沟道的间距、沟渠布置形式、防护林的有效防护距离、机械作业要求、田块面积的大小，同时还应考虑地形、地貌的限制。灌溉排水要求的宽度是决定河南省不同土地开发整理工程类型区的控制性因素，需要根据不同工程类型区的土壤质地、地下水埋深和作物类型等确定。

(4)田面高程：耕作田块田面高程应因地制宜，并与农田水利工程设计相结合，既要确保农田旱涝保收，又要使挖填土方量最小，有利于水土保持和田间耕作。耕作田块的高程应视不同情况确定。地形起伏小、土层厚的旱涝保收农田，田面高程应根据挖、填土方量确定；地形起伏大，土层薄的坡地，田面高程应因地制宜确定。

(5)田面坡度：耕作田块坡度大小与灌水方向和土质情况有关，纵横方向没有反坡，田块横向一般不设计坡度；田面纵坡方向一般与自然坡降一致，坡度大小与灌水方向和土质情况有关。

土地平整后，田面比降要满足灌排要求。畦灌田面的坡度应根据土壤通透性和畦长不同而定，在通透性相同的情况下，灌水畦长的，坡度应大些，灌水畦短的，坡度应小些。

(6)田面平整度：土地平整后耕作田块局部起伏高差应满足水流推进或灌水均匀要求。

5.2.1.2 格田

格田建设原则及规定与《土地开发整理项目规划设计规范》(TD/T 1012—2000)及国土资源部有关文件相关规定一致。

格田建设适用于以种植水稻为主的水田土地平整。格田以田间固定渠道、排水沟或道路为骨架，划分生产方。在生产方内，按照便于耕作、管理和生产要求布设格田。在地面坡度大的田块，格田长边宜平行等高线方向布置,末一级固定渠道应垂直于格田，格田内田埂应纵横对齐。

格田设计标准引用了《基本农田建设设计规范》中的相关条款，结合河南省实际情况，对格田做了相应的参数推荐，同时规定具体数值可依具体情况确定。

5.2.2 梯田

梯田工程的概念和工程内容与《土地开发整理项目规划设计规范》(TD/T 1012—2000)相关规定一致。梯田的断面形式选择主要考虑地形坡度、土层厚度、降雨量和降雨强度、耕地资源情况、劳动力和经济条件等因素综合分析确定。

根据地面坡度不同，梯田分陡坡区梯田与缓坡区梯田；根据断面形式不同，梯田分水平梯田、坡式梯田、隔坡梯田；根据埂坎修筑材料不同，梯田分土坎梯田与石坎梯田。

5.2.2.1 ~ 5.2.2.2 梯田布置与选型

梯田布局原则与《土地开发整理项目规划设计规范》(TD/T 1012—2000)相关规定一致。梯田布置应尽量相对集中，25°以上的坡地原则上应予以退耕，植树种草，还林还牧，发展多种经营。

梯田布局应根据地形地貌条件和灌排条件，结合沟渠和道路的布局，以道路和沟渠为骨架划分耕作区，耕作区形状宜为矩形或正方形，四面或三面通路。路旁与渠道、农田防护林网结合，对少数地形有波状起伏的耕作区，应顺总的地势呈扇形。在耕作区内布置梯田，梯田长边宜平行于等高线，田块布局宜顺山坡地形，大弯就势，小弯取直，对于少数地形有波状起伏的扇形耕作区，梯田坎线亦随之略有弧度，不要求一律成直线。

5.2.2.3　梯田长、宽

梯田要素中的田面长度和宽度规定与《土地开发整理项目规划设计规范》(GB/T 16453.1—2000)中相关计算方法一致。梯田田面长度主要根据地形地貌条件而定，大弯就势，小弯取直，以便耕作，局部地形复杂的地区，田面长度可视地形情况而定。梯田田面宽度主要根据地形坡度、土质条件和土层厚度等条件确定，地形坡度大、土质条件差、土层薄的低山丘陵，田面宽度宜小。

梯田设计标准引用了《水土保持综合治理技术规范　坡耕地治理技术》(GB/T 16453.1—2008)中的相关条款，结合河南省实际情况，对田块长度和宽度做了相应的参数推荐，同时规定具体数值可依具体情况确定。

5.2.2.5　梯田埂坎

梯田田坎高度和田坎侧坡应该与地形坡度、降雨量及强度和土质条件相适应，田坎高度还必须与田面宽度相对应，田坎坡度必须满足稳定要求。地形坡度大、土地条件差、土层薄的低山丘陵，田坎高度宜小一些，反之可大一些。田坎宜修成一定的侧坡，以保持梯田的稳定性，田坎愈高，侧坡应愈缓。

当局部田坎高度较大时，应该根据地形、土质状况采取适当的边坡加固措施，局部地区如确实因田坎稳定性要求且可就地取材，可以考虑修建石质田坎。梯田外侧(田坎上方)应修蓄水埂，原则上用土修筑，土料多就近从田间采取。

5.3 耕作层地力保持工程

5.3.1 客土回填

5.3.1.1 在土地开发整理工程中，项目区开挖土方量小于回填土方量，耕作土层达不到相关规定时，必须进行客土覆盖。包括原有土层不能满足作物生长的基本要求，需要增厚土层的覆盖；盐(碱)渍化需增厚土层改良土壤的覆盖；不利于作物生长和根系发育的沙砾石地的覆盖等。

5.3.1.2 客土选址一般为项目区内高差较大、平整需取土并需机械运输的土丘或田块，项目区外就近的土丘或土层覆盖较厚的土地。取土后必须恢复植被，防止造成生态环境新的人为破坏。客土质量总体要求能达到保证作物正常生长的基本需求，视不同土地利用结构、水田及旱地等级、产业结构分别确定。客土覆盖厚度指经降雨、灌溉、耕作后沉降和密实的厚度，密实度相当于还原至自然方。河南能够满足农业正常产出的土层厚度为 40 cm 以上，耕作层在 30 cm 左右，因此对于一般的土地覆土厚度以这个为限定指标。

5.3.1.3 引黄灌区内或有条件引黄淤地的区域，可引黄河水，滞留洪水中携带的泥沙和作物生长需要的养分，使淤泥沉积于洼地表层，即可增厚土层，改良土壤质地，又能肥沃土壤。

5.3.2 表土保护

在土地平整过程中应尽量避免或减少对耕作层的破坏；在对原有耕地动土不可避免的情况下，应对原有耕地采取地力保持工程措施，必须充分保留和利用耕作层土壤，即如果动土地块为耕地，应将耕作层土壤剥离留置，并在挖填平整后回填覆盖于耕地表层。如果动土地块为非耕地，土层较薄或表土养分含量较高，也应对表土层进行剥离和利用。

6 灌溉与排水工程

6.1 一般规定

6.1.1 灌溉与排水工程的组成

灌溉与排水工程是土地开发整理工程中的单项工程之一。其主要作用在于调节和改善农田水分状况，为作物创造良好的生长条件和生态环境，促进农业生产的发展。根据河南省土地开发整理的特点，灌溉与排水工程主要包括水源工程、输配水工程、喷微灌工程、排水工程、水泵站工程和渠系建筑物工程等。

6.1.2 工程等级的划分

(1)为了更好地控制工程规模，在建筑物级别之上设置工程等别是必要的。只有从工程等别上限定，才能达到“量身制衣”控制工程规模的目的。对于临区灌溉、客水排除而扩大的工程规模，其工程投资理应分摊。对于原有工程的完善配套工程，应以原有工程的标准为依据。

(2)土地开发整理工程是一项多目标综合性工程，其工程等别应按照土地开发整理项目的规模(面积)大小确定。不应选择分项目标因素进行划分。根据河南省的实际情况，为简单方便，将土地开发整理项目按照面积分为四等。

(3)土地开发整理项目中，工程规模一般很小。在水利行业工程等级标准中，一般属于末等或等外工程，为了使工程经济合理，根据土地开发整理工程的特点，划分了本行业的建筑物级别。为了避免与其他工程等级相冲突，本标准在工程等、级别前统一加上大写“T”字母，以示区别。6.1.2.2 条文中，灌溉与排水建筑物的级别，是与土地开发整理工程的等别相对应的，是相应土地开发整理工程中允许出现的最高建筑物级别。

(4)标准条文中，仅将工程等级作了规模上的限定，不同等级工程的具体技术指标，待制定可行性研究报告、规划设计编制规程等规范时，进一步完善。

6.1.3 灌溉设计保证率

灌溉设计保证率是指灌区用水量在多年期间能够得到充分满足的几率。它反映了灌区用水和水源供水两方面的影响，因此灌溉保证率的确定，主要应考虑自然条件和社会经济条件。一般缺水地区以旱作物为主，灌溉设计保证率低一些；丰水地区以水稻为主，可高一些。河南省地处于旱与湿润区的过渡地带，灌溉设计保证率平均应掌握在中等水平(75%)。河南省是主要农业大省，保证粮食稳产、高产具有战略意义。再者，土地开发整理项目区的标准也应高于一般地区。所以，南部地区采用中等偏上的标准是适宜的，也便于相邻各省的衔接。

各分区灌溉设计保证率根据河南省水利行业供水现状确定。各分区灌溉用水定额及作物灌溉制度，参照河南省水利行业用水定额标准，结合本标准分区情况，加权平均确定。

6.1.4 排水标准

6.1.4.1 以排水区发生一定重现的暴雨，农作物不受涝作为灌溉、排涝工程主要建筑物的排涝标准，是我国目前普遍采用的表达方式。

6.1.4.2 暴雨重现期应根据排水区的自然条件、雨涝成灾的灾害程度轻重及影响大小等因素，经技术经济论证确定。暴雨重现期定得过高，则工程规模过大，投资增多，造成经济上的浪费；反之，暴雨重现期定得过低，则工程规模过小，投资减小，造成工程安全性降低。根据河南省各地区的排涝经验，本条文对暴雨重现期采用 5～10 年，是比较符合实际的。

6.1.4.3 根据本省排涝实践及相临省的排涝资料，暴雨历时采用 1～3 日比较适宜。旱作区 1～3 日暴雨，1～3 日排出；水田、渍涝盐碱地 1～3 日暴雨，3～5 日排出，比较符合河南省情况。

6.1.4.4 农作物的耐淹水深和耐淹历时因农作物种类、生长阶段、土壤性质、气候条件等不同而变化，是一个动态指标。因此，各种农作物的耐淹能力和耐淹历时应根据实际调查确定。农作物不同耐淹能力也不同，如小麦、棉花的耐淹能力较差，在田面积水 10 cm 的情况下，受淹一天就会减产，受淹 5～7 d 以上就会死亡；玉米的耐淹能力相对较强。同一种农作物的不同生长阶段，其耐淹能力也不同，一般情况下，幼苗期的耐淹能力总是比成熟期差。此外，生长在黏性土壤中或在气温较高时，耐淹历时较短；生长在沙性土壤中或在气温较低时，耐淹历时较长。本标准 6.1.4.4 表所列几种主要农作物的耐淹水深和耐淹历时，仅供使用者在无试验或调查资料时参考选用。

6.1.4.5～6.1.4.8 耐渍水深、耐渍时间、盐碱地地下水临界深度应根据当地实验资料确定，无实验资料时，按本标准选用。

6.1.5 灌溉水质

6.1.5.1～6.1.5.2 本标准根据国家《农田灌溉水质标准》的规定，对作为灌溉水源的地表水、地下水或处理后的污水水质和灌溉水温，提出了要求。

6.1.5.3 随着工农业的高速发展，污水排放大量增加，造成环境严重污染。本标准对排入沟渠的污水及回灌的地下水，依据国家《污水综合排放标准》也提出要求。

6.1.6　灌溉水利用系数

渠道的净流量与毛流量之比称为该渠道的渠道水利用系数；灌溉渠系的净流量与毛流量之比称为渠系水利用系数；田间水利用系数是灌入田间的有效水量和末级固定渠道放出水量的比值；灌溉水利用系数是灌入田间的有效水量和渠首引入水量的比值。

河南省水资源比较紧缺，特别是豫北地区。提高水的利用率，节水灌溉势在必行。另外，土地开发整理项目中灌溉工程规模小，一般要求渠道做防渗处理。所以，渠系水利用系数取值较高。

6.1.7　防洪标准

防洪标准是灌排工程的重要标准之一。应按输、排水渠系及各类建筑工程的等级确定为不同的防洪标准。土地开发整理工程的规模一般比较小，不再考虑分级确定防洪标准，统一采用最大(T1)等级的标准。重点考虑了工程的重要性和失事后的危害性大小，按工程性质划分 3 级：蓄水工程设计防洪标准为 20～30 年；引水、提水工程为 10～20 年；灌排建筑物、灌溉渠道为 5～10 年。

6.2　水源工程

6.2.2　塘堰工程

塘堰是修建在山地丘陵区小型河谷和沟渠上、拦蓄地面径流或沟渠多余弃水、蓄水量 10^3~10^5m^3 的蓄水建筑物。水库当然可以作为土地开发整理工程的水源，但是，由于水库规模大，建筑费用高，其投资不列入土地开发整理工程。因此，本标准只将塘堰以下的蓄水工程列为水源工程。

6.2.2.1 塘堰工程规模小，水利行业规范没有涉及。参照水土保持综合治理技术规范小型蓄排引水技术及有关资料编写。本条款主要阐述塘堰工程的适用条件。

塘坝工程既是土地开发整理工程中灌溉水源工程，同时也是水土保持综合治理坡面小型蓄水工程，其集蓄的水量主要来自于水土保持综合治理工程中坡面的截水沟和排洪沟，因此塘坝工程在规划布局时应与水土保持综合治理紧密结合。

6.2.2.2 塘堰工程位置的选择很重要。直接关系到工程投资大小、工程安全和效益的发挥。塘址选择时应予以重视。

6.2.2.3 塘堰的容积。

(1)按来水量确定兴利库容：

$$V_{兴}=\beta W_0=\frac{1}{10}\beta\cdot\overline{y}\cdot F$$

式中，β为库容系数，查阅当地水文手册确定；W_0 为多年平均径流量，万 m^3；$\overline{y}$ 为多年平均径流深，mm，查当地等值曲线图确定；F 为流域面积，km^2，从地形图上量取；1/10 为单位换算系数。

还可以用公式：

$$V_{兴}=W_0=\frac{1}{10}\overline{y}\cdot F$$

该公式用于灌溉面积大，而流域面积较小的情况。

(2)按用水量估算：

$$V_{兴}=M+\phi$$

式中，M 为灌区实际灌溉用水量，$M=m_{毛}\cdot\omega$，m^3；$m_{毛}$为干旱年份综合毛灌溉定额，依据调查确定，m^3/亩；ω 为灌溉面积，亩；ϕ为水库水量损失，一般以用水量的百分数计。

此方法适用于灌溉面积较小，而流域面积较大的情况。

实际计算中，用上述两个方法估算出两个库容，从中选择一个较小者作为塘堰的兴利库容。

6.2.2.4 塘坝主要由挡水建筑物(挡水坝)、泄水建筑物(溢流坝、溢洪闸、溢洪涵)、放水建筑物组成。在蓄水塘坝进水口的上游附近应布设沉沙池，蓄水塘坝进口不直接与坡面排水渠终端相连时，应布设引水渠。

6.2.2.5 挡水建筑物。

(2)塘堰的挡水建筑物形式有多种，根据筑坝材料的不同，常见的有土坝、堆石坝、砌石坝和混凝土重力坝。坝型选择应按照因地制宜、就地取材的原则，结合当地的自然经济条件、坝址的地形、坝基地质、筑堤材料、施工条件、运用和管理要求、环境景观、经过技术经济比较，合理选择。根据我省丘陵山区的特点，塘坝的坝型宜采用土坝、堆石坝和砌石坝。土坝、堆石坝断面形式应选择斜坡式，砌石坝断面形式宜选择重力式。

(3)、(4)坝身采用土工膜防渗时，防渗土工膜应铺盖于迎水坡面，并应与坝基土工膜铺盖防渗一并考虑。应利用干砌块石或混凝土预制板护坡作为坝体防渗土工膜的保护层，坝基防渗土工膜上也应覆盖一定厚度的砂土作保护层。

(5)一般情况下，土坝、堆石坝在坝体的背水侧均应设置排水，以排除坝身及坝基渗水，降低坝身浸润线。坝体排水形式主要有：贴坡排水、堆石棱体排水和褥垫排水。堆石棱体排水又称滤水坝址，是一种可靠的、被广泛应用的排水设施，排水效果好，可以降低坝身浸润线，但用料多，费用高；贴坡排水又称表面排水，结构简单、用料少、施工方便、易于检修，但对坝身浸润线不起降低作用；褥垫排水可以降低坝身浸润线，且用料少、造价低，适用于下游无水的情况下布设。

(6)坝顶超过一般包括波浪爬高、风壅高度和安全加高，根据《水工设计手册》，非溢流土坝、堆石坝为 5 级建筑物时，其安全加高以为 0.5 m。波浪爬高、风壅高度应根据计算确定。根据我省丘陵山区的气候及塘坝自身特点，建议坝顶超高 1.5 ~ 2.0 m。

(7)我省塘堰的挡水建筑物一般以土坝为多。条文中所列土坝技术指标适合我省各地区所采用。坝高小于 5 m 采用一坡到底，坝高 10 m，在距坝顶 5 m 处设一戗台，戗台宽度 1.0 ~ 1.5 m。筑坝土料干容重要求达到 1.6 t/m^3。各地区可根据当地土料条件适当调整坝坡。

6.2.2.6 塘堰泄水建筑物。

(1)泄水建筑物应根据塘堰的特点采用不同的形式。有溢流闸、溢流涵、溢流坝和溢洪道。当泄水建筑物采用溢流闸、涵时，溢流闸、涵上应设置控制闸门。开敞式岸边溢洪道宜布置成正槽式溢洪道，若由于受坝址附近的地形限制，也可布置成侧槽式溢洪道。开敞式岸边溢洪道以宽顶堰或实用堰作为控制堰，控制堰上应根据蓄水塘坝运行需要，考虑是否设置控制闸门。为了保证蓄水塘坝的安全并正常运用，溢流坝坝顶高程、溢流闸及溢流涵底板高程以及开敞式岸边溢洪道控制堰的堰顶高程必须通过调洪演算加以确定。

(3)泄洪能力及溢流宽度的计算。

泄流建筑物计算时，应根据不同的水流流态分别计算。参考水工设计规范。

6.2.2.7 塘坝的放水建筑物。

(1)放水建筑物的类型很多。小型塘堰一般为坝下灌溉放水洞。其工作特点是：由于通常采用深孔取水，涵洞所承受的水头高、流速大，如果涵洞形体不当或施工质量差，容易产生空化和闸门振动。出口水流集中，单宽流量大，应采取消能措施。塘堰放水建筑物由进口段、闸室段、洞身段和出口消能段组成。

放水洞布置时，应注意与泄水建筑物分开两岸布置，便于施工和管理。涵洞线路选择应进行方案比较确定，其原则要求为：地质条件好；洞身尽量与坝轴垂直，力求线路短；保证洞身有一定的埋深；有压涵洞进出口保证 2 m 压力水头。

(2)放水洞的断面形式应根据其工作条件进行选择。有压洞一般采用圆形断面，无压洞采用城门洞断面。有压洞泄流能力由下式计算确定：

$$Q = \mu\omega\sqrt{2gH}$$

式中，μ为考虑涵洞沿程和局部阻力的流量系数；ω为涵洞出口断面面积，m^2；H为作用水头，m。

无压涵洞的泄流能力，对于表孔溢流式进口，按堰流计算；对于深式短管进口，仍按上式计算，但系数μ应随进口段局部水力损失而定，一般取 0.9 左右，而ω则为闸门处孔口面积。闸门后无压洞陡坡段可用能量方程求水面曲线。为保证洞内明流状态，水面以上应有一定净空。当流速较低时，要求净空不小于洞身断面面积的 15%，其高度不小于 40 cm；对于高速水流，净空面积为洞身断面的 15%～25%。对于城门洞，净空高度不小于洞高的 15%～25%。

在确定涵洞断面尺寸时，还要考虑施工和维修的需要。

6.2.3 小型拦河坝(闸)工程

6.2.3.1 引水工程应根据河(湖)水位、河(湖)岸地形、地质条件和灌溉引水高程、引水流量的要求，经技术经济比较确定采用无坝引水或有坝(闸)引水方式。

6.2.3.2 小型拦河坝(闸)的规划原则。

(1)河(湖)水量比较丰富，能满足用水要求。这是建引水工程的必要和充分条件。在灌区进行规划时，应首先进行引水工程水利计算，分析河道来水与灌溉用水之间的矛盾，确定引水工程规模及措施。

(2)河道修建引水拦河坝(闸)工程后，拥高了坝前水位，影响了汛期行洪，对下游人民生命财产会造成威胁。为此工程设计时，必须进行设计洪水演算。必要时加高堤防。

(3)当水源水位、流量都能满足灌溉要求时，应当优先考虑无坝引水方案；当水位不能满足农田自流灌溉要求时，宜采用有坝(闸)引水方案。

(4)引水的引水比率确切地说应为引水流量比，又称引水率或分流比，指引水渠首工程多年平均引水总量与多年平均河道来水总量的比值。根据我省通常的情况，在标准条文中，提出了“分水比率40%以下”的指标。具体操作时，主要应依据当地水务行政主管部门的意见为准。对于多沙河流引水，建议分水比率应控制在20%以下。

6.2.3.3 有坝引水工程布置要求。

本标准提出四条布置要求，另外工程地质条件也很重要。尽量选择地质情况良好的位置建坝(闸)。重视工程的防渗措施，保证工程稳定安全。

6.2.3.4 无坝引水工程布置要求。

(1)“取水口门应尽量接近灌区”很重要。它直接影响引渠长度和工程投资大小。但是，当其他条件不能同时满足时，只能向上游延伸。

(2)本条款是根据“河床演变学”理论提出的要求。保证口门运行稳定，较长时间引水不“脱流”。

当引水口位于河道弯道段凹岸顶冲点下游处时，其距弯道段凹岸顶点的距离应满足下列公式要求。

$$L=KB\sqrt{4\frac{R}{B}+1}$$

式中，L 为引水口至弯道段凹岸顶点的距离(弧长，m)；K 为系数，K=0.6～1.0，一般取0.8；B 为弯道段水面宽度，m；R 为弯道段河槽中心的弯曲半径，m。系数 K 值主要与分沙比 ε 值有关，当 K=0.8 时，ε 值最小。因此规定系数 K 值一般取 0.8。

(3)引水口进水方向与河道水流方向的夹角称为引水角。对无坝引水的引水角所作的限制，主要是为了使入渠水流平顺，增大引水量，并防止过多泥沙被带入渠内。引水角愈小，引水口前沿宽度愈长，进口流速分布则愈不均匀；但引水角过大，引水口前沿宽度小了，又将影响进口引水量。根据多数引水工程的实践经验，本标准规定无坝引水角宜取 30°～60°。

(5)多沙河流引水时，应注意“正面引水，侧面引沙”的规律。分水的角度要尽可能的小些，避免引入大量泥沙，造成渠系淤积，影响正常输水灌溉。

6.2.3.5～6.2.3.8 本标准在有坝(闸)引水工程措施上，只介绍了溢流坝和水闸，修建橡胶坝也是被广泛采用的一种形式。其最大的优点是不影响河道行洪，因此被普遍采用。

6.2.4　机井工程

6.2.4.1　井灌区规划

(1)地下水资源评价、水文地质资料是井灌区规划的重要基础。地下水资源评价包括水资源数量和水质评价两方面的内容。水资源数量评价中主要包括补给量、排泄量和允许开采量。有了允许开采量，通过农业灌溉需水量进行供需平衡分析，才能确定井灌区规模。水文地质资料包括地层构造、地下水埋深、含水层特性及分布、开采条件、含水层之间的水力联系、地下水化学特性及地质柱状图等，通过水文地质资料确定井深。

(3)合理利用水资源。对于既有地表水又有地下水的灌区，应充分利用好地表水，开采地下水作补充；对于低洼易涝、盐碱地区，应首先开采浅层地下水作为灌溉水源，控制地下水位，防止沥涝和盐碱。地下水质差时，可深井浅井联合运用，咸淡水混合使用。

(7)应限制增打深井，已有深井的灌区应通过节水灌溉和调整作物种植结构，逐步减少深层水的开采量；对于咸水地区，咸淡水混浇井组由一眼深井和 1～3 眼浅井联合,咸淡水混合后水质矿化度以不宜大于 2 g/L。

6.2.4.3 机井工程

(1)机井的构造包括井头、井身、进水部分和沉沙管四部分。

(2)井的进水部分是管井的心脏部分。它的结构合理与否，直接影响管井的质量和使用寿命。滤水管的长度应按当地水文地质条件和计划开采的含水层厚度确定。含水层集中，可安装一整段；多层含水层中，各层之间又相隔较远时，滤水管应对应含水层分层安装。

在完整井中，对于集中承压含水层，则全部厚度安装滤水管；对于集中的潜水层，则应按含水层下部的 1/2～3/4 厚度安装滤水管。在不完整井中，对于承压含水层，采取钻入含水层的深度安装滤水管；而对潜水含水层，则应在设计动水位至井底(沉沙管除外)一段安装滤水管。

滤水管的结构形式分两大类：非填砾和填砾类。非填砾类主要适用于粗砂、砾石以上粗颗粒含水层。河南省普遍采用填砾无沙混凝土滤水管。填砾料的平均粒径为：

$$D_{平均}=MD_{50}$$

式中，$D_{平均}$为滤料标准颗粒平均粒径，mm；D_{50}为含水层标准颗粒粒径，mm；M 为滤料对含水层颗粒粒径增大的倍数，一般取 5～7 为佳。对均匀含水层选小值，非均匀者选大值。

填砾料的厚度一般为 15～20 mm，可以得到满意效果。砾料形状尽量采用磨圆的砾石、卵石，不宜采用碎石和石渣。

滤水管的水力计算如下。

①滤水管的允许滤水速度。

$$\nu_{允}=56.67K^{0.471}$$

式中，K 为含水层的渗透系数，m/d。

②滤水管的工作面积校核。

$$F_{有效}=m\pi D_{滤}L$$

式中，$F_{有效}$为滤水管的有效滤水面积，m^2；$D_{滤}$为滤水管的直径，m，为安全计，取滤水管外径；L 为滤水管的设计有效长度，m。M 为滤水管的滤水面积改正系数，取 0.3 ~ 0.4。

③设计最大出水量要求滤水管的最小滤水面积。

$$F_{min=}=Q_{max}/\nu_{允}$$

式中，Q_{max} 为管井的设计最大出水量，m^3/h；F_{min} 为设计最大出水量要求滤水管的最小滤水面积，m^2。

④滤水面积校核。

$$F_{有效}\geqslant F_{min}$$

⑤滤水管有效长度校核。

$$L\geqslant\frac{Q_{max}}{m\pi D_{滤}v_{允}}$$

⑥滤水管的水头损失计算。

$$cL/D>6，其中\ c=11.31c_sA_p$$

式中，L 为滤水管的长度，m；D 为滤水管的内径，m；c 为与滤水管结构有关的系数；c_s 为滤水管的进水系数；孔口出流时，其值 0.6 ~ 0.9；填料滤水管时，其值为 0.2 ~ 0.6，一般取 0.3 ~ 0.4；A_p 为滤水管的开孔率，%。

上式表明滤水管的水头损失最小，且与滤料颗粒大小无关。滤料只要控制涌沙条件选择就行了。

6.2.4.4 机井的配套

(2)应当首先选择离心泵。离心泵构造简单、应用普遍，便于检修，另外的优点是提水效率高。如果吸程相差不多，适当降低泵房也选离心泵。当地下水位深时可选潜水泵和长轴深井泵。

我国常用的 IB 型离心泵最大吸程不超过 10 m，因此当机井动水位埋深大于 10 m 时，宜选用深井潜水电泵或长轴深井泵。但必须注意：当井筒倾斜都大于 1°时，不宜选用长轴深井泵；当井筒倾斜都大于 2°时，不宜选用深井潜水电泵。

(3) ~ (4)选择水泵时，水泵设计工况、上下临界工况都在高效区很重要。这样能保证水泵高效工作，节约能源。

(5)配套动力机有条件时尽量选择电动机。效率高、运行稳定、污染小。

6.2.5 小型雨水集蓄工程

6.2.5.1 雨水集蓄工程是修建在山丘区，拦蓄雨水作灌溉水源的工程。一般包括雨水集流工程和蓄水工程(蓄水池和水窖)。

6.2.5.2 ~ 6.2.5.3 雨水积蓄利用工程适用于地表水、地下水缺乏或开采困难的豫西黄土丘陵区和经常发生季节性缺水的其他山地丘陵区。雨水积蓄利用工程原本水源有限，供农田充分灌溉是不可能的，一般应采用节水灌溉技术和方法，如滴灌、坐水种、地膜穴灌、膜下沟灌、渗灌、小管出流及微灌等，提供保苗水和生育期的关键用水。

6.2.5.6 蓄水池工程。

蓄水池一般是通过开挖或利用天然地形修整而建筑的小型蓄水建筑物，这是蓄水池区别于塘坝的主要特点。

(2)蓄水池的容积应根据所需的灌溉水量及坡面能够集蓄的水量通过计算分析后加以确定。在蓄水池集蓄能力计算时，应充分考虑降雨量的大小、汇水坡面植被情况，并考虑复蓄次数及水面蒸发等因素。

(3)当蓄水池池底及堤坡采用土工膜进行防渗时，土工膜上应增加保护层。堤坡防渗土工膜可利用干砌块石或混凝土预制板护坡作为保护层，池底防渗土工膜上可覆盖一定厚度的砂土作保护层。

6.2.5.7 水窖工程。

(2)水窖选址时，注意地质条件和周边环境，应避开崖坎和树木。布置多个水窖时，窖与窖之间应保持一定的距离。

(3)修建水窖，尽量选用定型设计。

6.3 输水工程

6.3.1 明渠

6.3.1.1 灌溉渠道系统由干渠、支渠、斗渠、农渠四级固定渠道构成。一般以干、支渠为输水工程，控制一定高程和地貌单元范围内灌溉任务；斗、农渠为配水工程，将水量均匀地分配到控制范围内各个田块。土地开发整理项目区的灌溉面积比较小，灌溉渠道系统一般分支渠、斗渠、农渠三级固定渠道，农渠为固定渠道的最末一级。

6.3.1.2 依据《灌排设计规范》和工程实践，提出明渠输水工程布置的 8 条要求。主要是从输水工程与水源、建筑物工程之间的联系与要求、输水工程布局、功能和工程自身安全、推行节水灌溉等角度提出的。

长藤结瓜式灌溉系统布置，除满足以上条件外，还应注意以下几点：

(1)渠道布置时不宜直接穿过水库、塘堰、蓄水池；

(2)渠道布置应充分发挥水库、塘堰、蓄水池的调节和反调节作用；

(3)塘堰、蓄水池布置时，应考虑能够自流灌溉。对于面积较小的高地，也可以采用局部提水灌溉。

6.3.1.3 渠道的工作方式分续灌和轮灌两种方式。为了各用水单位受益均衡，避免因水量过分集中而造成灌水组织和生产安排的困难，一般干、支渠多采用续灌；轮灌缩短了渠道输水时间加大了输水流量，从而减少了输水损失，但是如果水量过分集中，会造成劳力紧张和各用水单位均衡收益，一般在斗渠以下实行轮灌。

6.3.1.4 输水流量是渠道设计的最基本指标。续灌渠道按设计流量、加大流量和最小流量设计；轮灌渠道只按设计流量设计。

续灌渠道的设计流量可按下式计算：

$$Q_{设} = \frac{q_{设} A}{\eta_M}$$

式中，$Q_{设}$为续灌渠道设计流量，m^3/s；$q_{设}$为设计灌水率，$m^3/(s \cdot 万亩)$；A 为续灌渠道灌溉面积，万亩；η_M为灌溉水利用系数。

轮灌渠道的设计流量可按下式计算：

$$Q_{设} = \frac{N q_{设} A}{\eta_M}$$

式中，$Q_{设}$为轮灌渠道的设计流量，m^3/s；N 为该渠的轮灌组数；A 为轮灌组平均灌溉面积，万亩；其他符号同上。

续灌渠道加大流量的加大系数一般为 25%～35%；最小流量不宜小于设计流量的 40%，最小水深应大于设计水深的 70%。

6.3.1.5 对于渠道横断面设计，除根据灌溉面积、地形地质条件外，设计中还要考虑以下两点。

(1)渠道横断面设计与纵断面设计是互相联系、互为条件的，实践中不能截然分开，而要通盘考虑、交替进行、反复调整，最后确定合理的设计方案。

(2)合理的纵、横断面设计，除了满足输水、配水要求外，还要满足渠床稳定要求。保证渠道不冲不淤，或在一定时期内冲淤平衡。

各级渠道的平均流速可按下式计算：

$$V=\frac{1}{n}R^{\frac{2}{3}}i^{\frac{1}{2}}$$

式中，V 为渠道平均流速，m/s；n 为渠床糙率；R 为水力半径，m；i 为渠底比降；

土渠流速应控制在 0.6 ~ 1.0 m/s，但不宜小于 0.3 m/s，浑水渠道应按冲淤平衡原理设计。

6.3.1.6 多年实践证明，渠道渗漏损失严重，一般占引水量的 30% ~ 60%。不仅降低了灌溉效益，浪费了水资源，而且引起地下水位上升，招致农田渍害或引起土壤次生盐碱化。因此，对于水资源紧缺的地区，渠道防渗具有重要意义。

渠道防渗衬砌按材料不同有很多种：土料防渗、砌石防渗、砌砖防渗、混凝土衬砌防渗、沥青防渗、塑料薄膜防渗等。在河南省的土地开发整理项目中，只考虑混凝土和砌石防渗。渠道防渗衬砌的材料及适用条件是参照《灌溉与排水工程设计规范》(GB 50288—99)6.2 节和《渠道防渗工程技术规范》(SL/T 18)中附表 2.1 的内容，结合河南省近年来一些渠道防渗衬砌实践经验制定的。

渠道防渗衬砌除满足本条要求外，还应注意以下几点：

(1)对于防渗衬砌方案要求进行对比和经济论证。

(2)衬砌结构的基底必须坚实、稳定。

(3)衬砌断面形式应与渠道断面一致，小型渠道宜选 U 形断面。

(4)衬砌断面的厚度要求满足强度、刚度要求。

(5)现场浇注时，应根据需要设置伸缩缝。

6.3.1.7 渠道防渗断面形式。

(1)防渗明渠的断面形式有梯形、U 形、矩形。梯形断面渠道施工简便、边坡稳定，在地形地质无特殊情况的地区，可普遍采用。U 形渠道，由于过水能力、适应冻胀变形的能力强，能在一定程度上减轻冻胀变形的不均匀性，在我国北方地区得到了推广应用。U 形渠道从 1975 年开始在陕西省大量应用，目前在全国各省、市的小型渠道上得到较普遍的应用，其主要优点是：

①水力条件好，近似水力最佳断面，可以减少衬砌工程量，输沙能力强，有利于引高含沙水流；

②在冻胀性和湿陷性地基上适应地基变形的能力较强；

③渠口窄，节省土地，减少挖填方量；

④整体性强，防渗效果优于梯形渠道；

⑤便于机械化施工。

(2)防渗渠道断面尺寸应通过水力计算确定。考虑到机械化施工和管理运用的要求，大型渠道采用U形渠时不利于机械化施工，且管理运用不够方便，因而流量在 1 m^3/s 以上时宜采用梯形断面，在 1 m^3/s 以下宜采用 U 形或矩形断面。本条系根据陕西省 U 形渠道的工程实践经验总结出来的。

(3)防渗渠道断面形式的选择应结合防渗结构的选择一并进行。U 形、矩形和梯形断面防渗渠道，应就地取材。所选用的防渗结构，要求应达到：防渗效果好，最大渗漏量能满足工程要求；经久耐用，使用寿命较长；渠道的输水能力和防淤抗冲能力提高，渠道断面尺寸减小；施工简易，质量容易保证；管理维修方便，就地取材，以降低工程投资。

6.3.1.8 砌石防渗。

砌石护面防渗是指用料石、块石、石板等进行浆砌，或用卵石进行干砌挂浆等作为渠道护面而进行防渗的技术。石料衬砌渠道具有抗冻、抗冲、抗磨及抗腐蚀性能好，施工简易，耐久性强，但是一般防渗能力稍差，需用劳力多。砌石防渗适用于石料资源丰富，能就地取材的地区，以及有抗冻和抗冲要求的渠道。砌石防渗一般均可减少渠道渗漏量 70% ~ 80%。浆砌石的防渗效果大致为 0.09 ~ 0.25 $m^3/(m^2 \cdot d)$。

6.3.1.9 混凝土防渗是效果最好、应用最广泛的渠道防渗工程形式，一般分现浇和预制两种。

(1)等厚板因施工方便、质量易控制而得到普遍应用。在没有特殊地质问题的地基上，只要施工得当，完全可以满足防渗和安全运行的要求。

(2)采用混凝土防渗的小型渠道，整体的槽长过短，渠道的稳定性差，厚度过薄，易造成渠身的破损，所以采用整体式U形或矩形渠槽，槽长不宜小于1.0 m，厚度不应小于4 cm。

6.3.1.10 混凝土性能及配合比设计，应符合下列规定。

(1)土地整理项目的渠道工程均属小型水利工程，T1 型渠道是土地整理项目中的最高等别渠道，但也是水利工程中最低等别的渠道，可参照水利工程灌排沟渠中的五级标准选定，其防渗工程混凝土的配合比，应按《水工混凝土试验规程》(DL/T 5150—2001)进行试验确定，其选用配合比应满足强度、抗渗、抗冻和和易性的设计要求。T2 ~ T4 型渠道均属等外工程，其混凝土的配合比，可参照当地类似工程的经验采用。

另外在一个工程项目中，选用水泥的品种不宜过多，以免给施工带来麻烦，一般情况宜选用一个品种，最多可选用两种。为保证工程质量，其混凝土的性能应根据不同地区的具体情况，必须达到必要的强度、抗冻和抗渗的要求。

6.3.2　低压管道

6.3.2.1 管道输水灌溉适宜在井灌旱作区采用，由于面积较小，为节省工程投资和降低运行费用，只布设低压管道。一般都埋入地下，个别由于地形等特殊原因，也可铺设在地面上。

(1)低压管道输水工程建设，应将井、水泵、管道系统及田间工程统一布置，力求技术先进、经济合理、效益显著。

(2)采用环状管网布置，可减小输水管道的管径，节约工程投资，应根据地形及用户情况选用。

(3)为保证输水管道的运行安全，管道布置在坚实的地基上，避开填方区和可能产生滑坡或受山洪威胁的地带。

(4)地形复杂处可采用变管坡布置，以免管道暴露于地面，但管道中心线敷设最大纵坡不宜大于1/1.5，倾角不应大于土壤的内摩擦角，以保证管道上边的敷土稳定。

(5)管网压力分布差异较大时，为避免工程投资的浪费和管道安全，应结合地形条件进行压力分区，采用不同压力等级的管材和不同的灌溉方式。

(6)固定管道和易损管材应埋在地下；为避免外压和鼠咬等损伤管道，埋深应不小于80 cm。

(7)铺设在地面上直径大于100 mm的固定管道，应在拐弯处设置镇墩，以满足管道的稳定要求。

(8)铺设在松软地基或有可能发生不均匀沉降地段的刚性管道，应对管基进行处理，以免不均匀沉降造成管道的损坏而产生漏水。

(9)管道进口应设置节制阀，分水口较多的输配水管道，每隔3～5个分水口应设置一个节制阀；管道最低处应设置排水阀，以便在非灌溉时期将管道中的水泄空。

(10)井灌区的管网一般以单个井为单元进行布置。在井群统一管理调度情况下，也可采用多井汇流管网系统，但应进行充分的技术经济论证。渠灌区应根据地形条件、地块形状及水源位置和作物布局、灌溉要求等分区布置管网。

(11)若灌溉面积较大，管道中的流量也大，采用单一管径将会造成经济、技术上的不合理，所以应分级布置，根据其灌溉面积和管道输水流量合理确定管径。

6.3.2.2 局部地区水压不足，提高全系统工作压力又不经济时，可对该区另行增压；部分地区水压过高时，若降低全区水压，将会造成大部分地区灌溉困难，所以应只对该区进行减压。另管道转角不宜过大，以保证管道内的水流条件和管道的稳定。

6.3.2.3 管材选择应能承受设计要求的工作压力。管材允许工作压力应为管道正常工作压力的 1.4 倍。当管道可能产生较大水击压力时，管材的允许工作压力应不小于水击时的最大压力。目前国内生产的硬塑料管质量可靠，经济实用。所以宜优先选用。但生产厂家众多，质量不一，为保证管材质量，所选管材必须经国家计量认证的质检机构抽检合格。

6.3.2.4 井灌区低压管道输水工程的田间管道长度和布置，在《节水工程技术规范》(GB/T 50363—2006)和《灌溉与排水工程设计规范》(GB 50288—99)中有明确规定。该规定已经从技术、经济、运行和管理等诸多因素中进行了分析论证，经过多年的实践证明，该规定无论是从技术经济，还是管理运用，都是科学合理的。

6.3.2.5 ~ 6.3.2.6 管道设置镇墩，是为了保护管道的稳定，输水管道不同的内水压力和转角处，应设置镇墩。管道的内水压力大时，转角小也应设置镇墩，压力小时，大转角处应设置镇墩，镇墩应设在坚实的地基上，并按受力要求确定尺寸。

6.3.2.7 出水口处由于水流流速较大，为了保护出水口，应设置防冲设施，一般宜采用定型的混凝土预制构件。

6.3.2.8 为了保证管道内出现负压和在非灌溉季节将管道内的存水泄空，宜在相应的位置设置进排气设施，在管轴线起伏段的低处和管道系统的最低处，宜设置泄水阀和渗水井。对有计量要求的，可根据需要安设量水设备，量水设备应达到必要的计量精度。

6.3.3 地面移动软管

地面移动软管输水灌溉，是一种投资少的节水灌溉形式。目前国内生产软管的厂家很多，产品质量参差不齐。为保证软管质量，所选用产品的生产厂家必须经过国家有关质量体系认证。输水软管管径太小和太长，则水头损失大，容易暴管。根据河南省的经验，对输水软管的管径和长度，提出相应的要求。

6.4 喷微灌工程

6.4.1 喷灌

6.4.1.1 喷灌工程是一项比较先进的灌溉技术，适用于旱地、坡地经济作物的灌溉，成本较高，要求有较高的管理技术。由于喷灌成本较高，管理养护费用多，位于干旱缺水地区和种植经济作物地区可采用喷灌，其他地区不宜采用喷灌。

6.4.1.2 喷灌工程建设标准应符合《喷灌与微灌工程技术管理规程》(SL 236—1999)。喷灌工程建设原则主要参照《喷灌工程技术规范》(GB/T 50085—2007)、《灌溉与排水工程设计规范》(GB 50288—1999)和《节水灌溉工程技术规范》(GB/T 50363—2006)有关部分及有关资料进行编制。

6.4.1.3 ~ 6.4.1.4 喷灌工程应满足喷灌强度适宜、喷洒水量均匀、打击强度小以保证土壤疏松、结构不破坏、作物不受损害且均衡生长的要求。

6.4.1.5 ~ 6.4.1.6 在喷灌系统中，影响喷灌质量的主要设备是喷头，合理选择喷头至关重要。当喷头的流量和射程确定后，可按产品说明书的技术指标说明，选择规格合适的喷头类型。选择喷头时，应考虑以下因素。

(1)用户对喷头形式的要求；

(2)灌区大小和地形；

(3)植物类型；

(4)现有水压和流量；

(5)当地环境条件(风、温度和降雨量)；

(6)土壤类型和入渗率；

(7)喷头的一致性。

6.4.2 微灌

6.4.2.1 微灌工程，单位面积投资较高，管理复杂，主要适于经济价值较高作物的灌溉。微灌工程包括微喷灌、滴灌等，适用于旱地、坡地经济作物、果树的灌溉，具有较好节水效果。在降雨较多地区，微灌只是间歇补充灌溉；地形复杂地区，如低山丘陵工程类型区，常规地面灌溉无法使用时，根据经济效益状况，可采用微喷灌。

6.4.2.2 微灌工程建设标准应符合《喷灌与微灌工程技术管理规程》(SL 236—1999)。微灌工程建设原则主要参照《微灌工程技术规范》(SL 103—1995)、《灌溉与排水工程设计规范》(GB 50288—1999)和《节水灌溉工程技术规范》(GB/T 50363—2006)有关部分及有关资料进行编制。

微灌工程建设应符合下列规定。

(1)管网布置要求干管沿地势较高处布设，支管垂直于作物种植行布置，毛管顺作物种植行布置；

(2)滴水器布置在毛管上，每株作物按 2~3 个灌水器；

(3)微灌管材以塑料管为主；

(4)为使各毛管进口压力均衡，应在毛管进口处安装阻水器，压力调节器。

6.4.2.3 微灌技术参数。

本标准中微灌工程技术参数参照《微灌工程技术规范》(SL 103—1995)有关部分进行编制。其中，土壤湿润比是指在计划湿润土层内，土壤含水率由适宜下限达到上限时的土体占灌溉面积内总土体的比例。由于河南省资料有限，故引用《微灌工程技术规范》(SL 103—1995)中土壤湿润比的取值。

6.4.2.4 管道、管件与附属设施。

微灌系统包括水源工程、首部枢纽、管网和灌水器；首部枢纽由水泵、动力机、控制阀门、水质净化装置(过滤器)、施肥装置(肥液进入装置)、测量和保护装置等组成；管网有管道和连接件构成；灌水器由滴头、滴灌带、微喷头、渗头、涌水器等构成。有关技术要求引用《微灌工程技术规范》(SL 103—1995)。

首部枢纽是微灌系统的重要部位，其组成设备的多少，应视水源条件、系统类型及用户要求确定，在满足微灌系统使用功能的前提下，应尽量简化设备。

灌水器有滴头、微喷头、涌水器、滴灌带等多种形式，应根据微灌系统形式选择，或埋于地下，或置于地表，选择时应考虑以下因素。

(1)作物的种类。如窄行密植作物，可选用多孔毛管、双腔毛管；对于高大果树，株、行距大，用单出水口滴头，常常要 5~6 个，用多出水口滴头，只要 1~2 个，亦可用廉价微管代替多出水口滴头。

(2)土壤性质。轻质土壤，可选用大流量灌水器，黏性土壤应选用流量小的灌水器。

(3)灌水器流量对压力的反应。层流灌水器的流量对压力的反应比紊流灌水器敏感得多，应尽可能选用紊流灌水器。

(4)灌水器的制造精度。应选用制造偏差系数值小的灌水器。

(5)灌水器流量对水温变化的反应。紊流灌水器的流量受水温的影响小，宜选用紊流灌水器。

(6)灌水器的抗堵性能。一般认为，流道直径 $d<0.7$ mm 时极易堵塞；流道直径 0.7 mm$<d<$1.2 mm 时，易于堵塞；流道直径 $d>$1.2 mm 时，不易堵塞。

(7)价格。应尽可能选择价格低廉的灌水器。

(8)清洗、更换方便。应根据当地的具体条件，选择满足主要要求的品种和规格的灌水器。

6.5 排水工程

6.5.1 本条文表述了农田排水方式的类型和基本选择原则。

不同的农田排水方式各具优缺点，进行项目区排水方式选择时应结合当地地形、气候、土壤、水文地质等实际情况，根据项目区洪、涝、渍、碱的成因和治理要求，经技术经济综合分析后，因地制宜地选择农田排水方式。河南省土地开发整理项目主要采用明沟排水方式。暗管排水主要用于排除地下水，但不能排除地表水。同时，由于工程投资大，维修养护费用高，在土地开发整理项目中应用较少。竖井排水在井灌区有一定的应用，实行井灌井排。在有实际工程经验和有条件的地区，也可根据项目区的实际情况，采用暗管排水和竖井排水，以及明沟与暗管、明沟与竖井、暗管与竖井相结合的组合排水方式。

6.5.2 明沟排水。

6.5.2.1 明沟排水是我国目前最主要的农田排水方式，在河南省土地开发整理项目中被广泛采用。由于土地开发整理项目的规模一般不大，多数情况下排水明沟建设以斗沟和农沟为主。对处于黄河故道、沙地等的项目区，由于土壤透水性较强，排水性能良好，且土质难以形成稳定沟渠，可根据实际情况考虑不设农沟及其以下的临时性排水沟，只设斗沟及其以上的固定排水沟。

6.5.2.2 本条文是在综合分析《灌溉与排水工程设计规范》(GB 50288—99)7.1.2 条和《农田排水工程设计规范》(SL/T 4—1999)2.2.2 条中相关内容的基础上，结合河南省农田排水实际制定的，能够满足一般条件下布置明沟排水系统的要求。

各级排水沟应尽量布置在低洼地带，使之能快速通畅地自流排水，同时也为合理布置田间排水工程和选取良好的排水出路创造条件。对于排水面积较大的排水区，如果能够利用天然河道及原有沟道作为骨干排水沟，可使工程量大大减少，并维护生态系统的稳定。在排水沟道选线时应尽量免穿越淤泥、流沙及其他地质状况不良的地段。难于避免时，必须采取相应的工程措施，以有效避免可能存在边坡垮塌等问题。

田间末级固定渠沟的布置一般有两种基本形式：一种是平行相邻布置，即灌溉渠道与排水沟相邻平行布置，这种布置形式适用于地形有单一坡向、灌排方向一致的地区；另一种是平行相间布置，即灌溉渠道向两侧灌水，排水沟承泄两侧排水，这种布置形式适用于地形平坦或有一定波浪状但起伏不大的地区。灌溉渠道布置在高处，排水沟布置在低处。同时，灌溉渠道与排水沟分开布置，按各自需要分别进行控制，两者没有矛盾，有利于及时灌排。

排水沟出口排水方式有自(畅)排和抽(提)排两种，其中自排是最经济的排水方式。通常排水口应选在排水区的最低处或其附近，以便于涝水集中，同时还要使排水口靠近承泄区水位低的位置，以保证在多数情况下能够顺利自排。若不能完全自排，宜充分利用承泄区的水位变化，采用自排与泵站提排相结合的排水方式。

附属排水建筑物是保证排水沟道系统充分发挥作用的重要保证，应统一规划并配套布置到田间。当排水建筑物与灌溉建筑物相邻近时，宜采用联合布置形式，以方便运用和节省工程投资。

排水系统的承泄区是指位于排水区域以外，承纳排水系统排出水量的河道、洼淀等。在排水地区排除日常流量时，承泄区的水位应不使排水系统产生壅水，保证正常排涝、排渍；在汛期，承泄区应具有足够的容蓄能力，能及时排泄或容纳由排水区排出的全部水量，此时不能因承泄区的水位高而淹没农田。

进行项目区明沟排水系统布置时，应充分考虑建成后与项目区周边已有排水系统形成完整统一的排水体系，以满足排除项目区内多余涝水的需要以及排除可能经过项目区的外来排水。

6.5.2.3 本条文提出了末级固定排水沟工程建设的具体技术要求。

为了满足排涝、排渍和防治土壤次生盐碱化的需要，要求排水沟能够在一定时间内排除一定量的地面涝水，并控制地下水位在一定深度以下，因此必须合理确定排水沟的深度和间距。排水沟的间距取决于降雨条件(雨强、降雨历时等)、土壤的入渗能力及蓄水能力、田间径流的形成过程、作物的耐淹水深及耐淹时间等因素，其中的部分因素还相互作用、相互影响。排水沟的间距越大，所需开挖的排水沟深度也越大，排水沟的开挖土方量可能越小；反之，排水间距越小，深度越小，开挖土方量可能越大。因此，在土地开发整理过程建设中，对工程数量比较大的末级固定排水沟是采用深沟大间距，还是采用浅沟小间距，往往需要通过实验或数值模拟等手段经技术经济比较确定。

单纯排涝的末级固定排水沟(多数是在地下水位较低的地区，没有降低地下水位的要求)，应根据当地农业机耕或其他要求先确定沟间距，然后再按排涝要求确定排水沟的断面。对于没有排渍要求的低山丘陵工程类型区、丘陵盆地工程类型区以及丘陵山地丘陵工程类型区，末级固定排水沟主要用于排除涝水，深度一般在 0.8 ~ 1.2 m，其他种植玉米、小麦、油菜的地区，排水农沟的深度一般在 1.2 ~ 1.4 m；土壤含盐量较高，需要排盐、洗盐的地区，排水农沟深度可适当加深。

排涝、排渍两用的末级固定排水沟(在地下水位较高的地区，且有降低地下水位的要求)，则应根据农作物对地下水位的控制要求先初步确定沟深，然后再按排涝、排渍要求确定沟间距。排涝、排渍两用排水沟道的深度一般不宜太深，否则会造成边坡坍塌。

排渍和防止土壤盐碱化的末级固定排水沟深度和间距，因为对地下水位的控制要求高，而且影响因素复杂，故宜通过试验确定，也可参照计算成果综合分析确定。无试验资料时，可参考邻近地区的经验数据确定，也可参照表 6.5.2.3 确定。表 6.5.2.3 直接引用《灌溉与排水工程设计规范》(GB 50288—99)中表 7.1.3 的结果，所给出的排水沟深度和间距，对河南省平原区排水沟工程建设是比较适宜的。

当末级固定排水沟沟底宽过小时，不仅施工开挖作业困难，而且也比较容易淤积，增加维护管理工作。因此，提出末级固定排水沟沟底宽不应小于 0.3 m 的要求。

6.5.2.4 合适的过水断面尺寸、纵坡比降、安全超高、边坡系数等是排水沟安全有效的保证，也是经济合理建设的关键。本条文直接参照或引用了《灌溉与排水工程设计规范》(GB 50288—1999)、《农田排水工程设计规范》(SL/T 4—1999)中有关条文内容，并结合河南省农田排水工程实际，对排水明沟设计的主要设计参数作出了相应规定。

梯形断面广泛适用于各级土质排水沟以及浆砌石或混凝土衬砌的排水沟，施工比较方便。矩形断面仅适用于石质或人工护砌的排水沟，可节省开挖工作量。

为了防止排水沟因流速过大而造成排水沟道冲刷，或因流速过小而使沟底产生淤积，要求设计排水沟的断面平均流速宜在 0.6~1.0 m/s 左右。规定排水沟最小流速不宜低于 0.3 m/s，就是为了满足排水沟不淤要求。

土质排水沟的边坡主要与沟道开挖深度、沟槽土质及地下水位有关。排水沟开挖越深，沟槽土质越松软，或地下水位越高，取用的边坡系数就越大；反之，取用的边坡系数就越小。

6.5.3 暗管排水。

6.5.3.1 本条文对暗管排水系统的组成与布置要求作出了规定。

暗管排水系统的吸水管一般指埋设在田间的最末一级暗管，其作用是直接排除土壤中因降雨或灌溉入渗而产生的多余水量或由侧向地下径流和下部含水层补给的多余水量，以调控农作物活动层内的地下水位，防止农田受渍。集水管的作用是及时汇集并排泄吸水管来水，相当于田间末级固定排水沟。吸水管与排水明沟直通时称单级暗管排水工程，吸水管与集水管连接时称双级或多级暗管排水工程。

为有利于吸水管能充分吸聚地下来水和集水管集、排畅通，根据排水工程实践经验，集水管与吸水管管线夹角不宜小于30°，吸水管管线与地下水的流动方向的夹角不宜小于 40°。为减少暗管开沟铺设的工程量，要求在吸水管作用下的渗流方向与平整后的地面坡度一致，集水管宜顺地面坡度布置。

为了不影响灌溉渠道的控制运用，要求各级排水暗管的首端与灌溉渠道的距离不宜小于 3.0 m。

暗管排水系统中设置的检查井主要是为管路清淤、检修而设置的附属建筑物，一般应设置在管道交接处、管路转角和比降突变处，以及穿越沟、渠、路的两侧或下游一侧处；当管道较长时，每隔 200~300 m 也应设置一个检查井。修建在道路、渠沟两侧的检查井，是为了便于检查和维修穿越道路、渠沟的管路而设置。修建在集水管的纵坡变化处和集水管与吸水管连接处的检查井，是为了便于检查和维修纵坡变化段或连接段管路设置的。

当暗管排水系统地吸水管或集水管的出口为明沟时，通常应按调控排水要求，逐条或多条联合设置控制口门。对于地形平坦和作物种类相同的地段，宜在集水管(沟)出口设闸，进行分区排水控制。暗管排水治理区无自流排水条件时，应视工程具体情况，采取集中或分片提排。采用分片提排方案时，应布设汇流集水井。

暗管排水系统宜采用明暗结合形式，出水口宜采用明沟自排，以保证排水通畅和沟道稳定。

暗管排水系统的组成、分级以及管道的类型、规格等应根据排水规模、农业生产发展水平、排水要求、地形、土质、管材、滤料和施工条件等因素，经技术经济比较后确定。

6.5.3.2 本条文提出了排水暗管设计的相关要求。

确定吸水管间距目前有田间试验、公式计算、经验数值三种方法可采用，其中田间试验法最符合当地实际情况，结果也最合理，但需要一定的试验经费试验时间，也不可能对各类渍害田和盐碱化土地都同时展开试验。公式计算法由于参数、起始条件、边界条件不易确定，难以使用。经验数值法是一种经验性的方法，表 6.5.3.2 的经验数值，是我国排水工程实践经验的总结，在无试验资料的情况下可参考选用。吸水管的埋深宜采用农作物在允许排水历时内要求达到的地下水埋深与剩余水头之和，比较符合河南省平原区排水工程的实际条件。

确定吸水管和集水管的内径主要是考虑投资、泥沙及根系等原因。管径过大，则投资高。但是，如果管径过小，由于泥沙沉积、根系伸入等原因，管内极容易淤堵，所需疏通费用很大，且将缩短管的使用寿命。因此，规定了吸水管内径不得小于 50 mm；集水管内径不得小于 80 mm。当集水管的汇水面积较大、长度较长时分段采用不同内径，可节省工程投资。

为了防止由于吸水管两端埋深差异过大，造成田块内土壤水分不均匀而影响农作物的正常生长，规定地形平坦地区，吸水管首末端高差不宜大于 0.4 m。

在吸水管周围设置外包滤料，主要是为了防止土粒随水流进入吸水管引起淤堵，并改善吸水管周围的水流条件，增大进水量，以保证良好的排水效果。目前，常用的外包滤料有天然有机材料(如秫秸、芦苇、棕皮等)、无机材料(如沙砾、石屑、炉渣等)和人工合成材料(如透水泡沫塑料、土工织物、玻璃纤维等)三类。外包滤料的厚度目前多数是根据当地实践经验选取。一般散铺外包滤料的压实厚度，在土壤淤积倾向较重地区不得小于 8 cm；在土壤淤积倾向较轻地区，宜为 4 ~ 6 cm；在无淤积倾向的地区，可小于 4 cm。

6.5.4　竖井排水

在河南省部分浅层淡水较丰富的地区，多以井灌为主要灌溉方式，同时，实行井灌井排相结合，起到了调控地下水位，综合防治旱、涝、渍、盐碱的良好效果。但是，单纯井排因抽水动力负担及管理费用较大，除为改造咸水含水层外，一般不宜采用。

6.6 渠系建筑物工程

6.6.1 在土地开发整理中修建各种类型渠系建筑物是实现安全输水，合理配水，精确量水，快速排水，方便交通等的主要保证措施，以使灌溉排水设施潜力和工程效益能够得到充分发挥。由于渠系建筑物种类很多，设计内容十分广泛，该部分条文仅对土地开发整理工程建设中所涉及的小型渠系建筑物的布置、结构类型等内容提出一些原则性要求，具体设计这些建筑物时，还应参照国家规定的水闸、渡槽、桥梁、涵洞等标准执行。

6.6.4 水闸。

6.6.4.1～6.6.4.6 是在归纳分析《灌溉与排水工程设计规范》(GB 50288—1999)、《灌溉与排水工程渠系建筑物设计规范》、《水闸设计规范》(SL 265—2001)中有关条文的基础上制定的，适用于灌排渠系上小型水闸的设计与建设要求。

6.6.4.7 斗门、农门属于小型的分水闸，要用于调节、控制进入斗渠的流量，在土地开发整理工程实际中有一定的实际应用。本条文是根据已有工程实际经验和参考相关设计手册，通过归纳总结后提出的。斗门、农门可采用开敞式或涵管式。开敞式一般设在较小的支渠上；涵管式工程简单、经济，农门多采用涵洞式。

6.6.5 渡槽。

6.6.5.1 作为跨越建筑物，渡槽和倒虹吸尽管结构不同，但功能相近，两者在不同条件下各有利弊。因此，应按选用渡槽和倒虹吸进行技术经济比较。当选用倒虹吸不适宜时，可选用渡槽。

6.6.5.2 渠道断面常是梯形的，且纵坡较缓，故过水断面及水面宽常较大。为了降低渡槽造价，槽身纵坡长较渠道陡，导致槽身断面与宽度常比渠道小。因此，为了使水流进出槽身时比较平顺，以利于减少水头损失和防止冲刷，渡槽进、出口均需设置渐变段。渡槽进、出口渐变段长度分别取渠道与渡槽水面宽度差值的1.5～2倍和2.5～3倍，主要是为了满足进、出口水面衔接和水流流态的需要。

渐变段与槽身间常因各种需要再设置一节连接段，其作用是：对于U形槽身，需要连接段与进(出)口渐变段末(始)段矩形断面连接；为交通需要，设连接段以便于布置交通桥或人行桥；为了停水检修或上游分水等目的，需要在进口留检修门槽或设置节制闸；为使槽身与进、出口建筑物之间的伸缩变形便于检修，需设连接段伸入渠道填土边坡或者岸坡范围内与渐变段连接。连接段与渐变段之间的接缝需要设置止水，以便于渐变段起防渗作用。连接段的长度应根据具体情况由布置决定。

渡槽槽身与两岸渠道或其他建筑物连接处，必须做好防渗排水处理，主要是为了防止接缝漏水而影响渠坡及渡槽安全。

6.6.5.3 渡槽结构形式的选择主要是选定槽跨段各组成部分(槽身、支承结构及基础等)的结构形式、材料和跨度。地形、地质条件对渡槽结构形式选择起重要作用。若地形平坦、槽高不大，宜建梁式渡槽。若地形窄深、两岸地质条件较好，宜建拱式渡槽。建筑材料有时对决定渡槽类型起重要作用，应贯彻就地取材设计的原则。

矩形断面和U形断面的梁式渡槽，满槽时槽内水深与水面宽度的比值是在总结以往渡槽设计经验的基础上提出的。

渡槽槽身接缝漏水是一种普遍存在的现象，已经成为严重威胁渡槽安全运行和水量浪费的突出问题，在设计和施工中应给予高度重视。采用什么形式的止水对渡槽的防渗漏非常重要。止水形式主要是选择止水结构形式和止水材料。止水结构形式宜采用既能适应变形，又不至于在止水带中产生较大应力，并做好接缝口设计。止水材料应根据渡槽伸缩形状、变形和运行环境等因素综合考虑选择。根据渡槽工程的实践经验，宜选用埋入式或套环式的止水，止水效果比较好。止水片(带)可选用橡胶带或聚氯乙烯塑料带等。

6.6.6　倒虹吸。

6.6.6.1 与渡槽相比，倒虹吸具有工程量少、造价低、施工方便等优点，但其缺点是水头损失大，维修管理不便。当输水渠道与洼地、河流、道路或其他沟渠相交时，可用倒虹吸、渡槽、填方渠道下的涵管等交叉建筑物。这些建筑物各有其适用条件，选择时必须因地制宜，全面考虑。一般情况下，当输水渠道与河流、山谷、洼地、道路等障碍物或其他渠道交叉，且高差较小，建渡槽、填方渠道或涵洞均不能满足洪水宣泄，或者妨碍车辆通行时，应修建倒虹吸从障碍物底部通过。从安全、经济出发，土地开发整理项目中应严格控制倒虹吸的适用。

6.6.6.2 倒虹吸进口设渐变段的目的是减少倒虹吸进口段的水头损失，保证水流顺畅，提高过水能力。若倒虹吸工程规模不大，应降低要求，可不设渐变段。倒虹吸进口设置闸门的目的是便于调节进口水位,使之在不同流量下均能保持进口始终处于淹没状态。

6.6.6.3 地埋式倒虹吸埋深一般应至少埋入地面以下 0.5 ~ 0.8 m；穿越渠沟、道路时应埋入渠沟底面或道路路面以下 1.0 m；穿越河流时应埋入设计洪水冲刷线以下 0.5 m。寒冷地区和严寒地区应埋入冻土层以下 0.5 m。

圆管因受力条件和水力条件均较好，在倒虹吸管设计中一般应最优先考虑采用圆管断面形式，但由于受施工条件限制，一般其管径不宜大于 4 m，否则施工难度增大。当流量大、水头低时，也可采用矩形断面。

倒虹吸管管内平均流速一般根据允许的水头损失和管内不淤的允许流速值来选取。水头损失与流速的平方成正比，流速大，水头损失大。因此，流速的选择对于倒虹吸管十分重要，特别是对于平原区水头紧张渠道上的倒虹吸管工程尤为重要。倒虹吸设计流量工况下的断面平均流速宜控制在 1.5 ~ 2.5 m/s 范围内，当上、下游允许水头损失大、水流含沙量高、颗粒较粗时，宜取较高值；反之，宜取较低值。对处于平原地区的倒虹吸，由于倒虹吸管最低部分可能常年被河水或渠道水所淹没，无法设置冲沙孔用水力排沙，一般都在枯水季节用人力从管道内把淤积物清理出来，所花劳力很多。因此要求管内流速大于不淤流速，减少管内淤积，十分必要。山丘区的倒虹吸一般都能设冲沙孔，每年可放淤一、二次，管内流速可不受不淤流速的限制。不淤流速跟据各地土壤中泥沙粒径大小和含量的不同而异，可按挟沙流速公式确定。

管座是管身的一种支撑结构，管座形式选择应考虑当地的地形地质条件、管身断面形式、管材特性及管身结构的受力条件等，其主要目的是，要使选用的管座在当地自然地理条件下，既能改善管身的应力状态，又便于施工。

6.6.7 农桥。

6.6.7.1 土地开发整理项目中的桥梁建设以农桥为主。为了统一名称，把与渠道相关的乡村道路、田间路、生产道上的桥梁统称为农桥，包括人行便桥，通行畜力车、拖拉机和农用汽车的生产桥，通行汽车的乡村道路桥。

6.6.7.2 ~ 6.6.7.3 对农桥设计的布置和设计等提出了一般性的技术要求，其具体的结构设计与计算方法还必须全面利用公路桥涵设计系列规范来进行设计。同一渠道上的桥梁采用同一形式，有利于优化设计和精心施工，美观整齐，实现桥梁结构形式和跨度的标准化，达到技术、安全、节约的目的。

农桥的下部结构是指桥梁支座以下或无铰拱拱轴线和固结框

架底线以下部分。功能是支撑桥梁上部结构并把上部结构传来的荷载安全的传到地基基础上，以达到共同受力的目的。桥台、桥墩、基础都属于下部结构。

基础是结构物直接与地层接触的最下部分，它将上部和墩台的力传递到地基土壤和岩层。按埋深分为浅基础和深基础。主要形式有扩大基础、桩基础、管柱基础和沉井基础。主要视河道水文地质条件与桥梁跨径大小而选择采用。

6.6.8 涵洞。

6.6.8.2 涵洞平面布置的总体原则是进出口及洞身水流要顺畅。当涵洞洞口设有控制流量和挡水的闸门时，其功用与水闸相同。与开敞式水闸相比，仅以洞身段代替了开敞式闸室，且洞身可用以代替水闸的交通桥，其余部分与水闸相同，故常称为“涵洞式水闸”或“封闭式水闸”，一般归类于水闸中。因此，涵洞通常指进、出口不设闸门的情况。为了防止外水倒灌，排水涵洞应在出口侧设置闸门。闸门顶高程应根据涵洞级别和相应的防洪标准确定。

6.6.8.3 涵洞的各种横断面形式具有明显的构造和受力特点，合理利用这些特点是保证工程安全和经济的前提条件。圆管的水力条件和静力条件都较好，便于采用预制管安装，是普遍采用的一种形式。管涵直径较小，一般为 0.4～1.5 m。

拱涵受力条件好，适用于涵顶填土较高及跨度较大的无压涵洞。

盖板涵的盖板结构虽然不能承受很大压力，但其空间高度小，可预制安装、施工方便，适用于涵洞高度受限或施工条件苛刻的场合。盖板涵的结构接缝多，不适宜有较大内水压力的有压流。

箱涵多为刚结点矩形钢筋混凝土结构，具有较好的静力工作条件，对地基部均匀沉降的适应性能耗，适用于洞顶覆土较厚、洞跨度较大和地基较差的无压和低压涵洞。箱式涵洞一般直径较大，在 1 m 以上，最大跨径可达 4 m，一般以现场制作为主，所以施工较复杂。

防止洞顶填土面以上作用荷载对涵洞结构造成不利影响，涵顶填土厚度不应太薄。本条文中规定的填土厚度是一般情况下的最小值，当不满足最小填土厚度要求时，应采用加固措施，以保证涵洞的稳定安全。但是，填埋厚度过大，要求涵身埋入地面过深，也不经济。为了保证涵洞的正常运行，涵洞进、出口管顶一般应设置挡土墙。为了保持涵洞稳定，涵洞应设浆砌石或混凝土垫层，小型涵管可布置在三合土和碎石垫层上。

6.6.9 跌水、陡坡。

6.6.9.1 渠道必须保持一定的纵坡，才能保证输送流量的要求和防止渠道产生冲刷、淤积。当渠道通过坡度过陡的地段时，为了保持渠道的设计纵坡，避免填方和深挖方，降低工程造价，可修建跌水和陡坡来连接上下游渠道。跌水与陡坡地主要区别在于水流特征不同。水流自跌水口流出后呈自由抛投状态，最后落在下游消力池内的称为跌水；水流自跌水口流出后，受陡槽约束而沿槽身下泄的称为陡坡。跌水与陡坡的形式应根据地形、地质、跌差及流量等具体情况及技术经济条件选择确定。跌差小于 5 m 时，宜优先采用单级跌水或单级陡坡；跌差大于 5 m，采用单级跌水或单级陡坡不经济时，可采用多级跌水或多级陡坡。多级跌水的每级跌差不宜大于 5 m。

6.6.9.2 对进口连接控制段的长度及底部边线与渠道中心的夹角作出规定的目的，是防止因设置跌水与陡坡对上游渠道造成过大的水面降落，影响上游渠道水流的水深和流速。陡坡陡槽段的主要水力特性是坡陡、流急、水流对边界条件的变化非常敏感。陡槽的平面布置一般多采用等宽槽，主要是因为这种形式的水流不受扰动，水力条件简单，从而被广泛应用。对陡坡底部扩散角作出规定主要是为了满足陡槽内水流条件的要求，防止出现水流脱壁现象。

6.6.9.3 跌口的形式可采用矩形、梯形、台堰形。渠道流量变化很小或必须设闸门控制时，可采用矩形跌口。矩形跌口底部高程与上游渠底相同，当通过设计流量时，跌口前水深与渠道水深接近，构造也比较简单，但过水流量过大或过小，则上游水位会产生降落或壅高；另外，矩形跌口单宽流量大，对下游消能不利。因此，矩形跌口常用于流量变化不大的情况下。

渠道流量变化较大或变化较频繁时，宜采用梯形跌口。梯形跌口较矩形跌口有所改善，但单宽流量仍较大，容易引起下游冲刷。梯形跌口能适应流量变化，在工程中应用较多。

陡槽段的主要任务是平稳安全地输送水流，矩形断面是最合适的形式。由于土地开发整理项目跌水多为中小工程，规定梯形断面陡槽边坡应陡于 1 : 1，主要是从节约工程量的角度考虑，但应保证陡坡边坡的稳定性。

跌水和陡坡设计中最关键的问题是防止下游渠道的冲刷。消能防冲设施的形式需要根据地质条件、水流条件、下游水深和渠道的抗冲刷能力等因素综合确定的。梯形断面的消力池的消能效果最好，且挡土墙式边墙抗冻性能好，但工程量大。梯形消力池内主流两侧因常产生回流和漩涡而使消能效果较差，但因与渠道断面形式一致，工程量较小。复合式消力池则兼具二者的优点，是实践证明消能效果较好，工程量较小的形式。

6.6.10 量水设施。

6.6.10.1 ~ 6.6.10.4 在输水或排水渠道上用以量测水流、流量的各种水工建筑物、特设量水设施和其他一些通过一定感应部件及仪表或技术获取流量的各类量水设备统称为量水设施。在灌溉及排水渠道中的适当位置设置量水设施准确地测量流量或水量，是实行计划用水、节约用水的一项必要措施，也可为结算或征收水费、灌渠改扩建提供可靠的基础资料。

目前，灌溉渠道上多利用已有的渠系建筑物或堰槽类建筑物来量水，其中小型量水堰(槽)因可就地施工，也可预制成装配式构件，安装方便而应用最多。现代明渠量水方法、测流仪器设备越来越多，多数具有自记录功能，可实现自动化监测。在设计或使用这些装置(仪表)时要注意按照产品的安装和使用说明书实施。为适应灌渠量水管理的需要，有条件的地方，提倡采用技术先进、测量精度高、设备稳定可靠的新型量水设施。

6.7 泵站及输配电工程

6.7.1 泵站

6.7.1.1 结合灌溉和排水的实际需要，一般可将泵站分为灌溉泵站、排水泵站和灌排结合泵站三种类型。土地开发整理项目中的泵站多为小型泵站，相应的工程建设标准主要参照《灌溉与排水工程设计规范》(GB 50288—1999)中的有关规定。对于中型以上的泵站，其工程设计标准则应遵照现行国家标准《泵站设计规范》(GB/T 50265—1997)的有关规定。

6.7.1.2 在泵站设计中站址选择是否合适，将直接关系到整个泵站工程建设的成败和经济效益、社会效益显著与否。和其他水工建筑物一样，泵站要求建在岩土坚实和抗渗性能良好的天然地基上，不应设在大的和活动性的断裂构造带以及其他不良地质地段。在平原、滨湖地区建站，可能会遇到淤泥、流沙等，应尽量避开，选择在土质均匀密实，承载力高，压缩性小的地基上建泵站，否则就要进行地基处理，增加工程投资。如果处理不当，还会影响泵站的安全运行。

对于从河流、渠道取水的灌溉泵站，其取水口位置的选择尤为重要。如果取水口位置选得不好，轻则影响泵站的正常运行，重则导致整个泵站系统失败。因此，为了充分发挥起工程效益，灌溉泵站取水口应选在主流稳定靠岸，能保证引水的河段，而且应根据取水口所在河段的水文、气象资料，自然灾害情况和环境保护要求等，分别满足防洪、防沙、防冰及防污染要求。如果不能满足这些要求，就应采取相应的措施。

对于直接从水库取水的灌溉泵站，需要认真研究水库水位的变化对泵站机组选型及泵站建成投产后机组运行情况的影响，研究水库泥沙淤积对泵站取水可靠性的影响，并对站址选在库区或坝后进行技术经济比较。

灌排结合泵站的任务有抽灌、抽排、自灌、自排等，可采用泵站本身或通过设置闸来实现。在选择灌排结合泵站站址时，应综合考虑外水内引和内水外排的要求，使灌溉水源不致被污染，土壤不致引起或加重盐碱化，并兼顾灌排渠系的合理布置等。

为了能及时排净涝水，将排水泵站设在排水渠道地势低洼，能汇集排水区涝水，且靠近承泄区的地点，以降低泵站扬程，减少装机功率。如果排水区的涝水需要高低分片排泄时，各片宜单独设站，并选用各片控制排涝条件最为有利的站址。

6.7.1.3 泵房枢纽的总体布置是否合理，将直接影响泵站的安全运行和工程造价。应充分利用当地条件，通过多方案的技术经济比较，最终选择符合建站目的的最优布置方案。

灌溉泵站的总体布置一般可分为引水式和岸边式两种类型。引水式布置一般适用于水源岸边坡度平缓的情况，在平原区和丘陵区河流、渠道或塘坝取水的灌溉泵站中采用较多。当水源水位变化幅度不大时，可不设进水闸控制；当水源水位变化幅度较大时，则应在引水渠渠首设进水闸。岸边式布置一般适用于水源紧邻灌溉渠首或水源岸边坡度较陡的情况。采用岸边布置，由于站前无引渠，可大大减少管道维护工作量。但因泵房直接挡水，加之泵房结构复杂，泵房的投资要大一些。

由于自排比抽排可节省大量电能，因此在具有部分自排条件的地点建排水泵站时，如果自排闸尚未修建，应优先考虑排水泵站与自排闸合建，以简化工程布置，降低工程造价，方便工程管理。如果建站地点已建有自排闸，可考虑将排水泵站与自排闸分建，以方便施工。

当水位变化幅度不大或扬程较低时，灌排结合泵站可优先考虑采用双向流道的泵房布置。这种布置方式的突出优点是不需另建配套涵闸，布置十分紧凑，占用土地少，工程投资省，而且管理运行方便；其缺点是泵站装置效率较低，耗电量增加，年运行费用很多。目前，这种布置方式在我国的应用较少。当水位变化幅度较大或扬程较高时，灌排结合泵站可采用单向流道的泵房布置形式，另建配套闸涵。这种布置形式目前在已建成泵站中应用较多，只要布置得当，可达到灵活运用的要求，但缺点是建筑物多而分散，占用土地较多，特别是在土地资源紧缺的地区，采用这种分建方式困难较多。

6.7.1.4 泵房是整个泵站工程的主要组成部分。合理设计泵房，对节约工程投资，延长机电设备的使用寿命，保证泵站安全经济运行具有主要意义。

主机组较重的泵站，应设置机械吊运设备，机械吊运设备宜采用单轨手动葫芦、单轨电动葫芦或单梁吊车；主机组较轻的泵站可不设置机械吊运设备。安装检修间宜布置在主机房内外交通方便的一端或进水侧。配电间宜布置在主机房的两端。

不同的主泵类型和规格应选择合适的泵房结构。卧式机组宜采用分基型泵房或干室型泵房，其中分基型泵房适用于站址处水源水位变幅较小、地质条件较好的泵站；干室型泵房适用于站址处水源水位变幅较大、地质条件较差或地下水位较高的泵站。立式机组宜采用湿室型墩墙式泵房，进水池位于泵房下部。

6.7.1.5 前池、进水池是泵站的重要组成部分。前池有正向进水和侧向进水两种形式。正向进水的前池流态较好，在泵站设计中应尽量采用正向进水方式。为了满足泵站连续正常运行的需要，进水池水下部分必须保证有适当的容积。如果容积过小，满足不了秒换水系数的要求(即进水池的水下容积与共用该池的水泵设计流量的比值)；如果容积过大，显然会增加进水池的工程量，而且对改善进水池的流态没有明显的作用。根据国内一些泵站的运行经验，认为进水池的秒换水系数取 30 ~ 50 是适宜的。

对于堆积在拦污栅的污物、杂草等漂浮物，如不及时清除，将会大大减小过水断面面积，造成栅前水位壅高，增大过栅水头损失，并使栅后水流流态恶化，严重影响机组的正常运行。所以，对于建造在污物、杂草等漂浮物较多的河流上的泵站，应设置专用的拦污设施和清污设施，其位置宜在引水渠末端或前池入口处。

进出水管路是水泵装置的重要组成部分。泵进水管路比较短，其直径不宜按经济流速确定，而应同时考虑减少进水管水力损失，减少泵房挖深和改善水泵汽蚀性能等因素综合比较确定。水泵的出水管路一般都比较长，出水管流流速需进行技术经济比较确定，以减低电价和运行成本。因此，规定进水管道设计流速宜小于 1.0 m/s，出水管道设计流速不宜小于 1.5 m/s。

6.7.1.6 选择泵站主机组的最基本要求是满足泵站设计流量和设计扬程的要求，同时要求在整个运行范围内，机组安全、稳定，并且有最高的平均效率，配套电动机不超载。所以要求在泵站设计扬程时，能满足泵站设计流量的要求。灌溉泵站设计流量应满足其控制区灌溉设计需水量的要求；排水泵站设计流量应满足其控制区设计排水量的要求。在泵站设计流量和设计扬程确定后，可利用有关技术图表如水泵性能规格表、水泵选型表、水泵性能综合型谱图等选择合适的泵型(离心泵、轴流泵、混流泵)。条件相同时，宜选用卧式离心泵。

泵站主机的数目包括工作泵和备用泵，但不包括流量调节泵。泵站机组的台数选择主要考虑经济性和运行调度灵活性。泵站常用动力机类型主要有电动机和柴油机两种。配套水泵的电机多数为三相异步电动机。配套水泵用柴油机，小功率时多采用高速单缸二冲程卧式或立式机；大功率时多数采用多缸四冲程直列式柴油机。泵站动力机应满足水泵配套的要求，应优先采用电动机；输电线路较长或运行时间较短的泵站，可采用柴油机。根据泵站电动机的型号和供电系统要求，选用配置合适的启动设备，一般应优先采用全电压直接启动方式。

泵站装置效率受电机(柴油机)效率、传动效率、水泵效率以及管路效率等多种因素影响。《泵站设计规范》(GB/T 50265—1997)中相关条款规定:轴流泵站与混流泵站的装置效率不宜低于70%;净扬程低于3 m的泵站，其装置效率不宜低于60%。离心泵站抽取清水时，其装置效率不宜低于65%；抽取多沙水流时，不宜低于60%。由于上述规定主要是针对大、中型灌排泵站提出的。对于土地开发整理项目中的小型灌排泵站，根据河南省现代化农村水利建设标准和实际情况，结合水泵技术的发展，提出泵站的装置效率不宜低于54%。实际设计中,可通过合理选配电机(柴油机)大小、传动方式以及合理选择泵型等措施来提高电机(柴油机)效率、传动效率以及水泵效率等，从而提高泵站装置效率，降低运行成本。

6.7.1.7 本条文规定了泵站供电系统设计的基本原则和设计应考虑的内容。合理确定供电点和供电系统接线方式是满足泵站电力供应的主要保证。项目区内新建泵站一般容量较小，有条件时可从附近区域变电所取得电源，采取直配线供电。“站变合一”的供电管理方式是指将专用变电所的开关设备、保护控制设备等与泵站的同类设备统一进行选择和布置。这种供电管理方式能节省电气设备和土建投资，并且可以相对减少运行管理人员。

6.7.1.8 本条规定了电气主接线设计时应遵循的原则和应考虑的因素，主要参照了《泵站设计规范》(GB/T 50265—97)和《供配电系统设计规范》(GB 50052—1995)中有关条文内容制定的。

6.7.1.9 泵站照明在泵站建设中很容易被忽视，致使泵站建成后常给运行人员带来很大不便，有的甚至造成误操作事故。在电光源的选择上，应选择光效高、节能、寿命长、光色与显色效果好的新型灯具。安全防火建设是一项技术性和政策性很强的工作，具体建设要求可参照《泵站设计规范》(GB/T 20265—1997)中的有关条款。

6.7.2　输电工程

项目区输电线路路径选择和电力线架设(埋设)必须按照有关技术要求和规定进行，才能保证输电线路的合理性和电力线的安全运行。该部分条文主要是在参考《供配电系统设计规范》(GB50052—1995)、《农村低压电力技术规程》(DL/T 499－2001)和《66 kV 及以下架空电力线路设计规范》(GB 50061—1997)中有关条文的基础上，结合土地开发整理项目输配电设计的工程实际经验拟定而成。

6.7.3　配电装置

6.7.3.1 对低压配电设计所选用电器提出的技术要求，直接引用了《供配电系统设计规范》(GB 50052—1995)中 2.1.1 条款的内容。

6.7.3.2 在土地开发整理项目中，变压器选择与设计主要功率满足泵站工程的需要。因此，主变压器容量的选择应满足泵站机组启动的要求，主变压器的容量及台数确定应与主接线结合起来综合考虑。

6.7.3.3 变压器布置必须满足安全运行要求。

6.7.3.5 有关配电装置的安全净距和各种通道的最小宽度的技术要求是在参考《供配电系统设计规范》(GB 50052—1995)、《农村低压电力技术规程》(DL/T 499－2001)和《水利水电工程高压配电装置设计规范》(SL 311—2004)中有关条文的基础上，结合土地开发整理项目中对配电装置的技术要求和工程实际经验拟定而成。

7　田间道路工程

7.1　一般规定

7.1.1　道路类型划分

田间道路工程是土地开发整理和农田基本建设的重要组成部分，它关系到农业生产、交通运输、农民生活和实现农业机械化等各方面的需要。

田间道路工程类型划分的依据是土地开发整理工程项目区内道路的主要使用功能、使用对象和使用特点。田间主道的主要功能是确保农业机械、农用物资和农产品运输通行，是村庄与村庄、村庄与田块连接的主要道路，属于项目区内的主干道路；田间次道连接生产路与田间主道，起到衔接贯通的作用，属于项目区内的次干道路；生产路直接面向田间生产，为田间作业服务，属于项目区内基本道路。

7.1.3　田间道路布置

(1)田间道路布置应结合项目区内灌溉排水渠、沟合理布置。路、渠、沟的结合形式，应有利于灌排、机耕、运输和田间管理，且不影响田间作物光照条件，并能节约土地，减少平整土地和修建田间灌排建筑物的工程量。常见的结合形式有“沟—渠—路”、“路—沟—渠”和“沟—路—渠”三种。“沟—渠—路”是将道路布置在田块上端，位于灌溉渠道的一侧，这对农机下田耕作有利，且有扩宽余地，可兼作管理道路，但道路跨过下级渠道需修建桥梁，路面起伏较大。“路—沟—渠”是道路布置在田块下端，位于排水沟一侧，路面较平坦，便于农机下田和运输，但与下级排水沟相交需修建桥梁等交叉建筑物，如孔径不足，影响排水，且雨季田块和道路易积水或受淹。“沟—路—渠”是将道路布置在灌水田块下端，介于渠道和排水沟之间，便于渠沟维修管理，但农机下田必须跨越渠沟，需修建较多的桥梁，且今后扩宽道路也有困难。以上三种结合形式，究竟采用哪一种为好，应根据各地区具体情况进行具体分析确定。

(2)路面宽度较小的田间次道，在农业机械相向而行时，由于不能直接通行而需避让后通行，所以规定路面宽度小于 3.5 m 的道路需根据实际情况合理设置错车点和末端掉头点。

(3)田间主道可适当加宽绿化带的宽度。绿化树种的选择应因地制宜，适地适树，引种外来树种时，应注意外来树种与当地树种的共生性。绿化要与主体工程同步设计、同步建设、同步验收，要同时做到道路绿化与沿线环境相互协调。

7.2 田间道工程

(1)田间主道路面宽度应在满足车辆行驶基本需要的基础上，满足行驶所必须的余宽。田间次道路面宽度一般不考虑错车、超车行驶所必须的余宽，对于小于 3.5 m 的道路一般根据道路的实际情况合理设置错车点和末端掉头点以解决错车和超车问题。根据调查资料，农用机械通行宽度一般小于 2.5 ~ 3.0 m，所以选择田间主道路面宽度为 5.0 ~ 6.0 m，田间次道路面宽度为 3.0 ~ 4.0 m。

(2)为保证行车安全和人员安全，考虑到农用车辆事故等临时紧急停车和从事生产人员通行的需要，一般应在田间道两侧设置路肩。

(3)一般将沥青碎石、混凝土路面等称为简易铺装路面；砂石路面等计入未铺装路面。砂石路面是以砂、石等为骨料，以土、水、灰为结合料，通过一定的配比铺筑而成的路面的统称，包括级配碎(砾)石路面、泥结碎(砾)石路面、水结碎石路面、填隙碎石路面及其他粒料路面。

(4)土地整理中可能遇到以下4种路基排水形式。

①边沟形式：边沟的深度和宽度不得小于 0.4 m，边沟沟底纵坡宜与路线纵坡一致，并不宜小于0.3%。困难情况下，可减小至0.1%。

②截水沟：截水沟深度和宽度不得小于 0.6 m，沟底纵坡不宜小于0.3%，且截水沟应进行防渗加固。

③排水沟：排水沟的深度和宽度不得小于 0.6 m，沟底纵坡不宜小于0.3%，易受水流冲刷的排水沟应视实际情况采取防护、加固措施。

④暗沟(管)：暗沟沟底的纵坡不宜小于1%，条件困难时亦不得小于0.5%，出水口处应加大纵坡，并应高出地表排水沟常水位0.2 m以上。

⑤路基施工应采用压实机具，采取分层填筑、压实。如填方在 0.8 m 深度范围内，零填及挖方在 0.3 m 深度范围以内，其压实度必须达到 93%；填方在 0.8 m 深度范围以上，其路基压实度必须达到 90%以上。若压实度达不到要求，则必须经过 1～2 个雨季，使路基相对沉降稳定后，才能铺筑泥石路面或硬化路面。

7.3 生产路工程

(1)生产路路面宽度是为了满足生产人员田间生产、生产资料下田和收获农产品等活动而需要的宽度，一般路面宽度达到1.0～2.0 m 即可。生产路一般在田块间沿农渠或农沟布置，路基所处地段的地面积水情况、地下水位高度和路基填料等情况都影响到生产路的安全，为了保障生产路的稳定，一般采用素土夯实路面，路基宽度达到 1.5 ~ 2.5 m。

(2)生产路一般沿着田块的长边布置，尽量与斗、农渠(沟)相结合。为节约用地，还应根据地区实际情况采用不同的布置方式。

①对于旱作区，由于不受灌溉条件的限制，生产路的布置在满足田间道路的总体布置原则的前提下可适当调整。对于平原区，旱作田块宽度一般为 400 ~ 600 m，每个田块可设 1 条生产路；而对于山地丘陵区，旱作田块宽度一般为 200 ~ 300 m，可考虑每 2 ~ 3 个田块设 1 条生产路。

②对于灌溉地区，生产路的布置尽量与斗、农渠(沟)相结合。对于没有渠系的灌溉地区，可设在农沟的外侧与田块直接相连；对于有渠系的灌溉地区，可设在农渠与农沟之间。

8 农田防护与生态环境保持工程

8.1 一般规定

8.1.2 生态环境建设标准

(1)农田林网工程林带配置方式主要采用混交类型布置。

(2)混交类型有：乔灌混交林带，乔木混交林带，灌木混交林带，综合型混交林带。

①乔灌混交林带：乔木、灌木树种按比例组成，构成紧密结构或疏透结构林带，适于干旱与风害严重的地区。

②乔木混交林带：由两层乔木组成，上层为喜光树种，下层为耐荫的伴生树种。也可用两种喜光树种，分别配置于林带两侧，组成通风结构林带，适于农耕地或沿海沙带。

③灌木混交林带：林带全由灌木组成，用做生物沙障。

④综合型混交林带：针叶树种与阔叶树种混交，乔、灌、草混交和喜光、耐荫性、伴生树种混交的综合性林带。适于防风固沙基干林带和风口造林。

(3)混交方式有：株间混交、行间混交、带状混交、块状(不规则)混交。

8.2 农田林网工程

8.2.1 农田防护(防风)林

(1)应在灌区土地整理总体规划布局下进行，田间路和干、支、斗渠全面绿化，构成方田林网骨架。渠、路旁的树种，应选择歇地轻、病虫害少、生长快、收益大的树种。靠近耕地一边，以杨树、紫穗槐为好。

(2)农田防护林以防风为主，因此要求主林带走向应和主害风方向垂直，最大偏角不宜超过 30°。水土保持林以控制水土流失为主，为减少地表径流对耕地的冲刷，水土保持林应沿等高线布置，护沟林应沿沟头及冲刷头两旁布置。农田防护林的林带走向应和渠沟及道路走向一致，尽量做到与渠沟、道路相结合。

(3)根据农田的防风效果试验资料，农田防护林的防风效果为树高的 20 ~ 25 倍，树高一般按 10 ~ 12 m 计算，农田防护林主林带间距为 200 ~ 400 m，副林带间距可为主林带间距的 2 倍，副林带间距为 400 ~ 600 m。

(4)生态防护林的株行数与行株距主要根据防护林类型、防风要求确定，生态防护林株行数为 2 ~ 3 行，行株距为 2 m × 2 m；水土保持林为起到治理水土流失作用，要求以成片林为主，岗顶防护林为 8 ~ 15 行，护沟林为 15 ~ 30 行，行株距为 1 m × 2 m。

(5)林带结构一般分为紧密结构、通风(透风)结构和疏透结构。疏透结构的最适疏透度(指林带林缘垂直面上透光孔隙投影面积与该垂直面上林带投影面积之比)为 25% ~ 35%，最适透风系数(指风向垂直林带时林带背风面林缘在林带高度范围内的平均风速与空旷地同等高度范围内平均风速之比)为 50% ~ 60%，是林带的理想结构。紧密结构林带因其防护距离短，占地多而不适于用做农田防护林。

(6)适地适树是指树种要根据本地区气候、栽植地的小气候和地下环境条件，选择适于在该地生长的树木，以利于树木的正常生长发育，抗御自然灾害，保持较稳定的种植成果。植物伴生是自然界中乔木、灌木、地被等多种植物相伴生长在一起的现象，形成植物群落景观。伴生植物生长分布的相互位置与各自的生态习性相适应。地上部分，植物树冠、茎叶分布的空间与光照、空气温度、湿度要求相一致，各得其所；地下部分，植物根系分布对土壤中营养物质的吸收互不影响。为了使护路护沟林的有限绿地发挥最大的生态效益，可以进行人工植物群落配置，形成多层次植物景观，但要符合植物伴生的生态习性要求。

8.2.2 梯田田埂防护林(灌、草)

(1)梯田建成后,梯田埂坎面积,约占总土地面积的5%~15%。梯田埂坎造林后，一方面可充分利用土地资源，增加经济效益，另一方面可固持梯田埂坎，省去或减少地坎维修用工，合理配置梯田埂坎防护林，对于改善农田小气候，也有明显作用。

(2)在梯田埂坎造林时，应注意树种选择或配置方式，避免遮荫胁地、窜根萌孽以及与农作物争水争肥等不良影响，以充分发挥梯田埂坎造林作用。

(3)沙柳、乌柳等采用插孔、插条或压条造林，紫穗槐、桑、茶等灌木及枣、柿、杜仲、泡桐等乔木则采用刨坑造林。

(4)在丘陵山区进行土地开发整理，修建梯田时，除因梯田埂坎特陡、特长或特短不适宜营建防护林而建设防护草外，其余的原则上应营造梯田埂坎防护林，防护林的树种应为灌木。

8.2.3 护路护渠林

(1)护路护渠林是灌区土地整理项目重要内容之一，其作用在于防风护苗、减少蒸发、改善生态环境、发展多种经营，增加经济收入。

(2)渠、路植树，应选胁地轻、病虫害少、收益大的用材林或经济林。靠近耕地一侧的以杨、柳、紫穗槐为好。

(3)渠、路两边可各植树 1 ~ 2 行，生产路和分、引渠结合的可不植树，只种草本植物。一般渠、沟内坡水面线以下不宜植树，以免影响行水。

(4)树种配置方式，可乔木、灌木纯林，也可乔灌混交林。

8.2.4 护岸(护滩)林

(1)护岸(护滩)林固岸护滩作用有限，必须与堤坊、砌石护坡等工程措施紧密结合。

(2)缓岸上的立地条件相对较好，在岸坡上可采用根蘖性强的乔灌木数种来营造大面积混交林，临近水位一边，栽种 3 ~ 5 行灌木柳，在岸坡侵蚀崩塌不严重，且岸坡平缓，洪水期河水上涨到岸边的幅度不大时，紧靠灌木可栽种几行耐水湿的杨、柳类乔木。

(3)造林技术。

①一般河流陡岸为河流顶冲地段，侧蚀冲淘严重，常易坍塌。因此，陡岸上造林，除考虑河水冲淘外，还应考虑重力崩塌。陡峭河岸的立地条件差，护岸林的营造，应采取乔灌混交方式，适宜的树种为刺槐、杨、柳、紫穗槐等。

②对面积狭小的滩地，可采用旱柳或灌木柳，分片、分段与水流方向垂直密集成行插埋。为避免被洪水冲毁，近河一边，常采用碎石、沙土修筑成高、宽各 0.5 m 埂坎加以保护。

③湿润滩地造林时，每隔 5.0 ~ 10.0 m 修筑一带状土埂，土埂与水流方向成 45°夹角，在土埂两侧栽植杨、柳，杨、柳之间混植紫穗槐等灌木。

④干旱滩地造林时，每隔 10.0 ~ 20.0 m，挖一立沟，柳条斜埋于沟内。

8.3 岸坡防护工程

8.3.1 护堤工程

土地开发整理项目区原则上不新建江河堤防，只是通过对现在江河堤防整修加固，提高堤防防洪标准，确保项目区的防洪安全。本条规定了护堤工程的主要内容，包括堤防护坡、边坡处理及堤顶宽度等，通过护岸工程实施，使项目区的防洪标准达到不低于 10 年一遇。

8.3.2 护岸工程

土地开发项目区因河流冲刷造成河岸塌陷、侵吞农田，危及项目区安全，可以采取护岸工程。因护岸工程量较大，而且情况比较复杂，应经过方案论证，慎重对待。护岸工程建设内容主要包括抛石护基、削坡、修丁字坝等。本条对护岸工程的主要建设指标作出具体规定，主要是为进行工程设计提供依据。

8.4 沟道治理工程

8.4.1 谷坊

(1)谷坊是山区沟道内，为防止沟床冲刷及泥沙灾害而修筑的横向栏挡建筑物。谷坊高度一般小于 3 m，是水土流失区沟道治理主要工程措施之一。谷坊的主要作用是防止沟床下切冲刷，因此在考虑某沟段是否应该修建谷坊时，首先应判断该沟道是否会发生下切冲刷。若沟床允许流速大于洪水天然流速时，则不会发生冲刷，即无必要修建谷坊。

(2)谷坊类型的选择取决于地形、地质、建筑材料、技术、经济、防护目标和沟道利用等多种因素。由于在一条沟道里往往需要连续修筑多座谷坊，形成谷坊群，才能达到预期效果，因此，修建谷坊需要的材料也较多。在当前我国山区经济条件下，应选择就地取材的谷坊类型，如当地有充足的石料，可修石谷坊，在黄土区则应修土谷坊。对于有特殊防护要求的山洪、泥石流沟道，则需选用浆砌石谷坊等。

(3)当连续修建谷坊时，上一座谷坊脚与下一座谷坊顶大致水平，或略有坡度。为方便使用，不同沟底坡度和不同高度常用谷坊间距可参考查表 8.4.1-1。

表 8.4.1-1 不同沟底坡度和不同谷坊高度的谷坊间距

谷坊间距 / 坡度(°)	设计坡度为 1%		
	谷坊高 1 m	谷坊高 2 m	谷坊高 3 m
5	25.0	50.0	75.0
6	20.0	40.0	60.0
7	16.7	33.3	50.0
8	14.3	28.6	42.0
9	12.5	25.0	37.5
10	11.1	22.2	33.3
15	7.1	14.3	21.4
20	5.3	10.5	15.8

注：设计坡度指上一座谷坊与下一座谷坊顶所呈坡度。

(4)谷坊间距按公式 $L=H/I-I''$计算。

式中，L 为谷坊间距，m；H 为谷坊底到溢洪口高度，m；I 为原沟床比降，%；I''为谷坊淤满后比降，%。

不同淤积物质，淤满后形成的不冲比降，沙土为 0.5，黏壤土为 0.8，黏土为 1.0，粗沙夹有砾石的为 2.0。

(5)确定合适的谷坊断面，必须因地制宜，要考虑既稳定又省工。谷坊的高度，应依据修筑材料而定，一般情况下，土谷坊不超过 5 m，干砌石谷坊不超过 2 m，浆砌石谷坊不超过 4 m，植物谷坊不超过 1 m。

(6)土谷坊一般集水面积较小，溢水口断面规格可参考表 8.4.1-2。

表 8.4.1-2　土谷坊溢水口断面规格

集水面积 (hm^2)	黄土丘陵沟壑区		黄土台塬阶地区		土石山区	
	水深 (m)	底宽 (m)	水深 (m)	底宽 (m)	水深 (m)	底宽 (m)
1.0	0.2	0.7	0.2	0.6	0.2	0.6
3.0	0.3	0.9	0.3	0.7	0.3	0.8
5.0	0.4	0.9	0.4	0.8	0.4	0.7
7.0	0.5	0.9	0.4	1.0	0.4	1.0
10.0	0.6	1.0	0.6	1.0	0.6	1.0

注：侧坡 1∶1.25，暴雨频率 20 年一遇。

(7)石谷坊修筑在石料充足以及水流冲刷力大的地方，干砌石谷坊的优点主要是节约工料，在含沙量大的山洪沟道里，也不需设泄水孔，同时没有整体倾倒的危险。缺点是断面尺寸大于浆砌石谷坊，且砌石部分脱落，会危及整个谷坊安全。因此，在常流水较大的荒溪内，一般修筑永久性的浆砌石谷坊。

(8)阶梯式谷坊是用较方正的大块石铺砌而成，外坡呈阶梯状，可起消能作用，有利于减少下游冲刷。砌筑外坡时，自下而上逐层内缩。

(9)在流域面积大，沟底坡度较平缓潮湿沟谷且附近有柳树生长的地区，可采用植物谷坊，2～3 年后，柳桩可长到 2～3 m，沟道内成为一排排柳树，不仅可拦沙，还可为当地农民增加经济收入。为了提高防洪拦泥效益，多排密集型植物谷坊，可在露出地面的柳桩上，用柳条编成篱笆。有石料的沟道，可修筑柳桩块石谷坊，它与多排密集型谷坊不同之点，是在柳桩排与排之间，用石块或卵石填入，没有石料的地方，也可填入土料，成柳桩土谷坊。施工中必须注意，柳桩打入土中不得小于 1 m，以免被洪水冲倒或冲歪，影响防护效果。

8.4.2 沟头防护工程

(1)当沟头上方有天然集流槽，暴雨中径流由此集中泄入沟头的地方，应修建沟头防护工程，以制止坡面暴雨径流经沟头进入沟道或使之有控制地进入沟道，制止沟头沿伸，沟谷扩张，保护农田不被侵蚀割切。

(2)当沟头以上坡面来水量不大，沟头防护工程可以全部拦蓄的可采取蓄水型沟头防护。其来水量按下公式计算：

$$W=10KRF$$

式中，W 为来水量，m^3；F 为沟头以上集水面积，hm^2；R 为 20 年一遇 3 ~ 6 h 最大降雨量，mm；K 为径流系数。

围埂蓄水量按下公式计算：

$$V=L(HB/2)=LH^2/2i$$

式中，V 为围埂蓄水量，m^3；L 为围埂长度，m；B 为回水长度，m；H 为围埂内蓄水深，m；I 为地面比降，%；

(3)排水型沟头防护，设计流量按下公式计算：

$$Q=278KIF10^{-6}$$

式中，Q 为设计暴雨径流量，m^3/s；

I 为 20 年一遇 1h 最大降雨强度，mm/h；F 为沟头以上集水面积，hm^2；K 为径流系数。

8.4.3 拦沙坝

(1)在豫西黄土丘陵沟壑区，“打坝淤地”是一项积极有效的水土保持治沟工程措施。这种在沟道里为了拦泥淤地所打的坝，叫做拦沙坝，淤出的地叫做坝地。经过打坝淤地，不仅有效控制了水土流失,还使原来不能耕作的荒沟变成了肥沃高产基本农田。

(2)根据目前拦沙坝工程存在主要问题，其修复和利用主要包括：坝体加高、坝身加固、坝体滑坡处理、渗漏处理、溢洪道改建、放水建筑物加固改造、坝地排涝除碱等工程内容。以上各类工程内容的建设标准，主要根据行业管理、科研单位的成果以及生产实践中已被广泛应用的经验，加以分析、归纳、整理编制。

8.5 坡面防护工程

8.5.1 截水沟

(1)截水沟是在位于山、丘坡中、下部农田与其上部荒坡、林草地交界处，沿等高线挖筑具有一定坡度的沟渠，用以阻截农田上方径流，减免土壤冲刷。截水沟将分散坡面径流集中起来，输送到蓄水工程里或排走，对保护农田，防止滑坡，维护村庄和道路安全，有重要作用。为全面控制坡面径流，在坡长超过 50 m 以上、来水面积大的坡面，还应增设截水沟，截水沟的间距随坡度增大而减少。

(2)蓄水型截水沟的作用，是把坡面来水积蓄起来，逐渐渗入农田，增加土壤湿度，防止坡面冲刷。排水型截水沟则是把大部径流排出。

(3)为蓄水保墒和排出梯田内积水，在梯田内侧布设截水沟，也称做背沟。背沟断面较小，一般宽、深 30 cm 左右。

8.5.2 排洪沟

(1)梯田区域内承接背沟两端的排洪沟，一般垂直等高线布设，并与梯田两端道路同向，呈路边沟状。土质排水沟应分段设置跌水，一般每台梯田田面宽为水平段，每台梯田坎高为一级跌水。

(2)排洪沟断面按以下公式计算：

$$A=Q/C\sqrt{RI}$$

式中，A 为排水沟过水断面面积，m^2；Q 为设计坡面汇流洪峰流量，m^3/s；C 为谢才系数；R 为水力半径；I 为排水沟沟底比降。

Q 值按以下公式计算：

$$Q=F/6(I_r-I_q)$$

式中，F 为坡面汇流面积，hm^2；I_r 为设计频率 10 min 最大降雨强度，mm/min；I_q 为相应时段土壤平均入渗强度，mm/min。

R 值按以下公式计算：

$$R=A/\chi$$

式中，A 为排水沟断面面积，m^2；χ 为排水沟断面湿周，m。

C 值按以下公式计算：

$$C=1/nR^{1/6}$$

式中，n 为糙率，土质排水沟取 0.025 左右。

(3)排洪沟不同流量的不冲不淤比降参考表 8.5.2。

表 8.5.2 排洪沟的不同流量不冲不淤比降参考表

流量 (m^3/s)	0.5	1.0	2.0	3..0	5.0
比降(%)	1.0 ~ 2.0	0.7 ~ 1.0	0.5 ~ 0.7	0.4 ~ 0.5	0.3 ~ 0.4

(4)截水沟、排洪沟在坡面上的比降，应根据截、排水的用水

去处的位置而定。当截、排水用水去处在坡面时，截水沟和排洪沟可沿等高线布设，沟底比降应满足不冲不淤流速，沟底比降过大或与等高线垂直布设时，必须作好防冲措施。

(5)截水沟、排洪沟应尽量避开滑坡体、危岩等地带，同时注意节约用地和节省投资。应尽量利用梯田两端天然冲沟，作为排洪沟。

8.5.3 水池

蓄水池多修建在村庄附近、山坡脚下及沟头上部等水流集中的地方，修建蓄水池的目的是拦蓄雨水径流，防止因冲刷造成对村庄、道路、农田的破坏。

8.5.4 沉沙池

(1)沉沙池是用于沉积径流所挟带泥沙，既防止水土流失，又可回铺农田，赔肥地力。

(2)临时沉沙池是由于土地开发整理头 1～3 年，土质疏松，植被稀少，水土流失较严重，需要在田边，地头及排水道上设临时用于沉积泥沙的土池，第一年应清除数次以上，以后逐年减少，3 年后基本消失。

(3)耐久性沉沙池可修在坚实的基础上，或用砖或块石浆砌，沉沙池以开挖为主，避免填方，进水口和出水口最好不布置在一条直线上，其断面相同，出水口高度略低于进口高度。